いますぐ使える!

韓国語ネイティブ単語集

ヨンシル 著

はじめに

韓国語は日本語と文法がよく似ているので、日本語の語順で単語を並べていけばとりあえず通じるはず。だから、とにかく単語を覚えればいい――。そんな発想から韓国語初心者のために「いますぐ使える」単語を一冊にまとめよう、と企画したのが本書です。
私は90年代からソウルに住みながら、韓国ドラマや映画の字幕制作に携わってきました。セリフに字幕を付けていて困るのは、辞書に載っていない単語や、実際に使われているニュアンスと辞書的な意味がズレている単語が出てくるときです。そのような経験を生かして、本書では辞書にある訳とは少しズレていても、韓国の日常生活で自然に使われている単語や言い回しを中心に取り上げました。
そういう意味で、いまいちばん新しい「ネイティブが使う韓国語」が覚えられるはずです。
単語の構成は、左枠を「日本語」、右枠を「この日本語を韓国語ではどう表現するか」としました。もちろん、その日本語を表す韓国語が1つとはかぎりません。使う状況によっては日本語と合致しないケースもあるでしょう。でも「言葉は生きもの」です。おおらかな気持ちで進めてほしいと思います。
読者のみなさんが混乱しそうな単語には、なるべく解説を付けました。また、ドラマや映画のセリフをお借りして、その単語がどのように使われているのかもところどころに例示しました。できるだけジャンルが偏らないように作品を選んだつもりです。ちなみに、取り上げた作品の中で韓国語の学習という観点から見た場合、いちばんオススメなのは『キム秘書はいったい、なぜ？』というドラマです。日常生活で使う単語を網羅しているので、本書を片手に何度も観ながら、習得に役立ててください。

韓国語の初心者が知っておきたい単語はもちろん、中級の方、はたまた留学生や駐在員の方々にも役立つよう「生の韓国語」を厳選しました。教科書に載っていないスラングもたくさん紹介しているので、韓国人とＳＮＳで交流するときにもきっと役立つはずです。侮蔑用語や悪口も多く取り込みました。ドラマや映画、日常会話でも頻繁に使われるので、自分が使うことはなくても知っておいたほうがいいでしょう（実際に使ったらケンカになるので注意！）。

日本人が韓国語を学ぶ際、最も難しいのは発音だと思います。参考のため、読み方としてカタカナを付けました。といっても、外国語をカタカナで表現するのには限界があります。本書の単語を韓国人の声優さんに読み上げてもらいましたので、ダウンロードしてぜひ耳で覚えてください。何度も繰り返し聞いて、ネイティブの発音を覚えましょう。

韓国語学習にとどまらず、韓国人の友人と話したい、韓国語でウェブ漫画を読んでみたい、YouTubeを字幕なしで観たいという方にも、本書がお役に立てることを願っています。

本書の特徴

●ジャンル別に、よく使われる単語をピックアップしました。興味のある分野の単語から覚えてみましょう。

●ドラマや映画のフレーズは、生きた韓国語表現を学ぶのに役立ちます。

●類似の意味をもつ韓国語の単語は、使い分けがわかるよう、できるだけ解説を加えました。

●略語の意味

（漢）＝漢字語

（敬）＝敬語表現

（原）＝動詞・形容詞の原形

（直）＝直訳した意味

（丁）＝丁寧な表現

（同）＝同義語

（反）＝反対語

（略）＝略語

（類）＝類語

●発音表記について

・ㄹ（ル）、ㄱ（ク）、ㅁ（ム）など母音のないパッチム（「NOTE 超基本の文法」p225参照）の読みがなは小さい文字にしました。

・韓国語の発音にも「長音」はありますが、実はそれほど厳密ではありません。発音記号上では長音なのに短く発音するときもあれば、強調したいときにだけ伸ばすこともあります。国立国語院の提供する大辞典とは異なる表記もありますが、混乱を避けるため、本書では実際にネイティブが話している発音をもとにした長音を表記しました。

・「激音」の音はカタカナでは表現することができませんが、息を強く吐いて発音してください。

●単語の発音を音声データで確認してみましょう。

スマートフォンやタブレットのアプリなどでQRコードを読み取ります。表示されたURLをブラウザで開くと、単語の発音を聞くことができます。

※Wi-Fi環境下でのダウンロードをお薦めします。

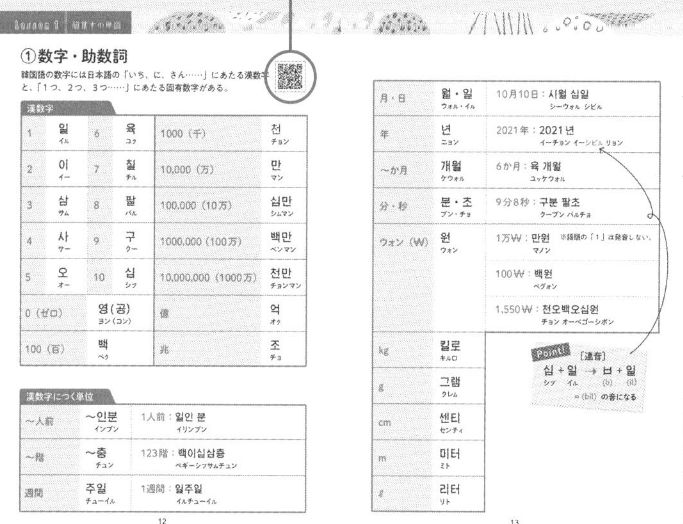

①数字・助数詞

韓国語の数字には日本語の「いち、に、さん……」にあたる漢数字と、「1つ、2つ、3つ……」にあたる固有数字がある。

漢数字

1	일 イル	6	육 ユク	1000（千）	천 チョン
2	이 イー	7	칠 チル	10,000（万）	만 マン
3	삼 サム	8	팔 パル	100,000（10万）	십만 シムマン
4	사 サー	9	구 クー	1000,000（100万）	백만 ペンマン
5	오 オー	10	십 シプ	10,000,000（1000万）	천만 チョンマン
0（ゼロ）		영(공) ヨン（コン）		億	억 オク
100（百）		백 ペク		兆	조 チョ

漢数字につく単位

～人前	～인분 インブン	1人前：일인 분 イリンブン
～階	～층 チュン	123階：백이십삼층 ペギーシプサムチュン
週間	주일 チューイル	1週間：일주일 イルチューイル

12

月・日	월・일 ウォル・イル	10月10日：시월 십일 シーウォル シビル
年	년 ニョン	2021年：2021년 イーチョン イーシビル リョン
～か月	개월 ケウォル	6か月：육 개월 ユッケウォル
分・秒	분・초 ブン・チョ	9分8秒：구분 팔초 クーブン パルチョ
ウォン（₩）	원 ウォン	1万₩：만원 マノン ※語頭の「1」は発音しない。
		100₩：백원 ペグォン
		1,550₩：천오백오십원 チョン オーベゴーシボン
kg	킬로 キルロ	
g	그램 クレム	
cm	센티 センティ	
m	미터 ミト	
ℓ	리터 リト	

Point!〔連音〕
십＋일 → ㅂ＋일
シプ　イル　(b)　(il)
＝(bil) の音になる

13

※注意事項

当コンテンツの閲覧に必要となるQRコード、およびURLの転載、転売、譲渡をかたく禁じます。転売および譲渡されたQRコード、およびURLでの閲覧は厳禁です。当コンテンツは閲覧用としてのみ、ダウンロード・オンライン閲覧を許可します。当コンテンツの全部または一部をネットワーク上にアップロードすること、複製・複写物を公開すること等を禁じます。利用者が不正もしくは違法に本サービスを利用することにより、当社に損害を与えた場合、当社は当該利用者に対して相応の損害賠償の請求（弁護士費用を含む）を行う場合があります。本サービスは予告なく内容を変更することや終了することがあります。QRコードは株式会社デンソーウェーブの登録商標です。

contents

イラスト：別府麻衣　装丁・本文デザイン・DTP：山下可絵
ナレーション：チャン・ジヨン　韓国語校正：鄭長勲　日本語校正：皆川秀

本書で参考にした作品

ドラマ

『キム秘書はいったい、なぜ？』

『花遊記＜ファユギ＞』

『雲が描いた月明り』

『コーヒープリンス１号店』

『太陽を抱く月』

映画

『完璧な他人』

DVD好評発売中
発売元：ハーク
販売元：ポニーキャニオン

『エクストリーム・ジョブ』

Blu-ray&DVD 好評発売中
発売元：クロックワークス
販売元：TCエンタテインメント

『タクシー運転手
～約束は海を越えて～』

Blu-ray & DVD好評発売中！
発売元：クロックワークス
販売元：TCエンタテインメント
提供：クロックワークス／博報堂
DYミュージック&ピクチャーズ

『パラサイト』

Blu-ray&DVD発売中
発売・販売元：バップ

※以上の作品は、U-NEXT、Amazonプライム・ビデオ、Netflix、ABEMAなどでも配信されています。

Lesson 1

＼超／ 基本の単語

数字や挨拶、基本の動詞・形容詞など、
よく使う単語は気持ちを伝える第一歩。
たくさん暗記しましょう！

①数字・助数詞

韓国語の数字には日本語の「いち、に、さん……」にあたる漢数字と、「1つ、2つ、3つ……」にあたる固有数字がある。

漢数字

1	일 イル	6	육 ユク	1000（千）	천 チョン
2	이 イー	7	칠 チル	10,000（万）	만 マン
3	삼 サム	8	팔 パル	100,000（10万）	십만 シムマン
4	사 サー	9	구 クー	1000,000（100万）	백만 ペンマン
5	오 オー	10	십 シプ	10,000,000（1000万）	천만 チョンマン
0（ゼロ）		영(공) ヨン（コン）		億	억 オク
100（百）		백 ペク		兆	조 チョ

漢数字につく単位

～人前	～인분 インブン	1人前：일인 분 イリンブン
～階	～층 チュン	123階：백이십삼층 ペギーシプサムチュン
週間	주일 チューイル	1週間：일주일 イルチューイル

月・日	월・일 ウォル・イル	10月10日：시월 십일 シーウォル シビル
年	년 ニョン	2021年：2021년 イーチョン イーシビル リョン
～か月	개월 ケウォル	6か月：육 개월 ユッケウォル
分・秒	분・초 ブン・チョ	9分8秒：구분 팔초 クーブン パルチョ
ウォン（₩）	원 ウォン	1万₩：만원 マノン ※語頭の「1」は発音しない。
		100₩：백원 ペグォン
		1,550₩：천오백오십원 チョン オーベゴーシボン
kg	킬로 キルロ	
g	그램 クレム	
cm	센티 センティ	
m	미터 ミト	
ℓ	리터 リト	

Point!

［連音］

십 + 일 → ㅂ + 일
シプ イル (b) (il)

＝(bil) の音になる

※「1」～「4」と「20」は単位（助数詞）がつく場合、（　）内の数字を使う。

固有数字

Point!
100以上は漢数字の読み方と同じ。

1つ	하나 (한) ハナ（ハン）		
2つ	둘 (두) トゥール（トゥ）	20	스물 (스무) スムル（スム）
3つ	셋 (세) セッ（セー）	30	서른 ソルン
4つ	넷 (네) ネッ（ネー）	40	마흔 マフン
5つ	다섯 タソッ	50	쉰 シゥィン
6つ	여섯 ヨソッ	60	예순 イェースン
7つ	일곱 イルゴプ	70	일흔 イルン
8つ	여덟 ヨドル	80	여든 ヨドゥン
9つ	아홉 アホプ	90	아흔 アフン
10 とお	열 ヨル	100	백 ペク

固有数字につく助数詞

～杯	잔 チャン	ビール1杯：맥주 한 잔 メクチュ ハンジャン
～名	명 ミョン	4名：네 명 ネーミョン　12名：열두 명 ヨルトゥーミョン
～歳	살 サル	1歳：한 살 ハンサル　5歳：다섯 살 タソッサル
～個	개 ケ	2個：두 개 トゥーゲ　3個：세 개 セーゲ
～枚	장 チャン	1枚：한 장 ハンジャン
～冊	권 クォン	2冊：두 권 トゥー グォン
～番目	번째 ポンッチェ	1番目：첫 번째 チョッ ポンッチェ　2番目：두 번째 トゥボンッチェ
～回	번 ポン	1、2回：한두번 ハン トゥーボン

Point!

［時間の表現］

「～時」は固有数字、
「～分」は漢数字で表す。

1時20分：한 시 이십 분
ハンシ イーシップン

12時43分：열두 시 사십삼 분
ヨルトゥーシ サーシプサムブン

②時間

韓国は日本と同じタイムゾーンにあるのに経度が西。日本よりも日の出も日没も遅いので、生活感覚に微妙なズレがあります。

今日	오늘 オヌル	
昨日	어제 オジェ	
おととい	그저께 クジョッケ	（略）그제（クジェ）
さきおととい	그끄저께 クックジョッケ	（略）그끄제（クックジェ）
明日	내일 ネイル	（略）낼
あさって	모레 モレ	내일모레（ネイルモレ）ともいう。「もうすぐ、近いうちに」という意味もある。 私はもうすぐ40歳です：저는 내일모레 마흔입니다（チョヌン ネイルモレ マフニムニダ）
しあさって	글피 クルピ	
明け方	새벽 セビョク	夜中の1時から朝6時くらいまでを指す。字幕などの翻訳では文脈により「夜中」や「早朝」と訳すことも。
朝	아침 アチム	

昼	**낮** ナッ	真っ昼間：대낮（テナッ） 真っ昼間からお酒を飲むなんて……：대낮에 술을 마시다니......
正午	**정오** チョンオ	
夕暮れ	**초저녁** チョジョニョク	日が暮れ始めたころの早い夕方。
夕方	**저녁** チョニョク	(類) 해 질 무렵（ヘジル ムリョプ）
夜	**밤** バム	栗＝밤（パーム） ●**ドラマ『梨泰院クラス』**で 主人公セロイが経営していた店は「단밤（タンバム）」＝甘い夜
深夜	**심야** シミャ	
朝食	**아침(식사)** アチム（シクサ）	朝ごはん食べた？：아침 먹었어?（アチム モゴッソ）
ブランチ	**아점** アジョム	아침＋점심（朝食＋昼食）
昼食	**점심(식사)** チョムシム（シクサ）	
昼兼夕食	**점저** チョムジョ	점심＋저녁（昼食＋夕食）
夕食	**저녁(식사)** チョニョク（シクサ）	

今	지금 チグム	（略）짐（チム）
さっき	아까 アッカ	
最近	요즘 ヨジュム	**●映画『完璧な他人』より** 弁護士テスの妻スヒョンが夫について言う。「요즘 자꾸 핸드폰을 뒤집어 놓는 거 있죠」（最近よくケータイを裏返しに置くの） （同）最近：최근（チェーグン）
このごろ	요새 ヨセ	
今年	올해 オレ	
去年	작년 チャンニョン	（漢）昨年
来年	내년 ネニョン	
再来年	내후년 ネフニョン	
今週	이번 주 イボンチュ	合成語、つまり1つの単語として認められていない単語なので、「이번」と「주」は分かち書きをする。
先週	지난주 チナンジュ	合成語として認められている単語なので「지난」と「주」をくっつけて書く。
先々週	지지난주 チジナンジュ	

来週	다음주 タウムジュ	
再来週	다다음주 タダウムジュ	
週末	주말 チュマル	
昔	옛날 イェンナル	むかしむかしある村に……：옛날 옛날 어느 마을에……→日本の昔話の出だしと似ている。
今後	앞으로 アプロ	あと5日です：앞으로 5일입니다

現在	현재 ヒョンジェ	月曜日	월요일 ウォリョイル
過去	과거 クァゴ	火曜日	화요일 ファヨイル
未来	미래 ミレ	水曜日	수요일 スヨイル
春	봄 ポム	木曜日	목요일 モギョイル
夏	여름 ヨルム	金曜日	금요일 クミョイル
秋	가을 カウル	土曜日	토요일 トヨイル
冬	겨울 キョウル	日曜日	일요일 イリョイル

③暦・行事

旧正月と秋夕（お盆）を中心に、家族と関係のある行事や日本ではなじみのない記念日が多いのが特徴です。

年中行事	명절 ミョンジョル	（漢）名節　正月やお盆などの歳時風俗のこと。　楽しい名節を過ごしてください：즐거운 명절 보내세요
イベント	행사 ヘンサ	（漢）行事　（類）이벤트 行事を執り行う：행사를 치르다 行事を開く：행사를 열다
記念日	기념일 キニョミル	韓国人のカップルは記念日が大好き。つき合って100日、半年、１年など、記念日はしっかり祝う。
プレゼント	선물 ソンムル	日本のようなお土産文化がないため、「お土産」は「기념품」（記念品）や「특산물」（特産物）などを使う。
パーティー	파티 パティ	宴会：연회　会食：회식　忘年会：송년회、망년회→日本式の言い方なので「송년 모임」が推奨されている。
お祭り	축제 チュクチェ	（漢）祝祭　９月から11月にかけて各種お祭りが開かれる。釜山国際映画祭（부산국제영화제）は10月。
正月	설날 ソルラル	陰暦の1月1日。「설（ソル）」ともいい、旧正月のことを指す。お年寄りは「구정（クジョン）」も使う。日本と同じ正月は「新正月：신정（シンジョン）」と呼ばれる。年末年始は連休ではなく、1月１日のみが公休日。
小正月	대보름 テーボルム	陰暦１月15日。新年初めての満月をお祝いする日。各地方で祈願祭や講演などのイベントが開かれる。
バレンタインデー	발렌타인데이 パルレンタインデイ	２月14日。ホワイトデーは「화이트데이」。バスケットに詰めたチョコやアメなど、大きめのプレゼントが主流。
ブラックデー	블랙데이 プルレクテイ	４月14日。バレンタインデーとホワイトデーでプレゼントをもらえなかった人たちがジャージャー麺を食べる日。

お花見	벚꽃놀이 ポッコンノリ	3月～4月。ソウルでは、4月に開かれる汝矣島（ヨイド）の桜祭りが有名。出店も多くて楽しい。
こどもの日	어린이날 オリニナル	5月5日。こどもを遊びに連れていくだけでなくプレゼントもあげなくてはならないので、親にとってはつらい日。
両親の日	어버이날 オボイナル	「어버이」は両親という意味（漢字語は「부모」）。5月8日。韓国では父の日と母の日が分かれていない。韓国でもカーネーションを贈るが、一緒にケーキやお小遣いなどを渡すことも。
先生の日	스승의 날 ススンエ ナル	5月15日。学校や塾などでお世話になっている先生や恩師に感謝を伝える日。現在は法律により教師にプレゼントを渡すことはできない。
お盆	추석 チュソク	（漢）秋夕　固有語では「한가위（ハンガウィ）」ともいう。旧暦の8月15日。
ハロウィン	할로윈 ハルロウィン	10月31日。梨泰院にはコスプレをした若者が集う。●**ドラマ『梨泰院クラス』**でもその様子が見られる。
クリスマス	크리스마스 クリスマス	12月25日。「성탄절（聖誕節）」とも言う。　イエス様：예수님　クリスマスケーキ：크리스마스 케이크　サンタクロース：산타 할아버지＝サンタのおじいさん　サンタのトナカイ：루돌프（ルドルプ）
誕生日	생일 センイル	年配の人の誕生日：생신　陰暦の誕生日を使っている人たちは、毎年誕生日の日にちが変わるので注意。
1歳の誕生祝い	돌잔치 トルジャンチ	親戚や知人を呼んで盛大に行われる。日本の「お食い初め」は「백일잔치（ペギルジャンチ）」。
結婚式	결혼식 キョロンシク	新郎：신랑（シルラン）　新婦：신부（シンブ）　結婚式を挙げる：식을 올리다

④挨拶

友人同士で使える、短いフランクな表現から覚えて、ネイティブっぽく挨拶してみましょう。

やあ	하이~ ハイ	英語の「Hi」。主に若者が使う。同じく英語の「헬로（Hello）」も使われる。
	안녕 アンニョン	朝から夜まで使える挨拶。返事も「안녕」と返せばいい。別れるときも「バイバイ」の意味で使える。
	왔어？ ワッソ	待っている相手が来たとき。 （丁）오셨어요？（オショッソヨ）
久しぶり！	오랜만이야！ オレンマニャ	（丁）오랜만이에요！（オレンマニエヨ）
元気だった？	잘 지냈어？ チャル チネッソ	しばらく会っていない相手に電話や手紙で様子を聞くときは現在形「잘 지내요？」(チャル チネヨ）を使うことが多い。 友達口調：잘 지내？ （丁）잘 지내시죠？
こんにちは	밥 먹었어요？ パム モゴッソヨ	（直）食事しましたか？ （敬）점심 드셨습니까？（チョムシムトゥショッスムニカ）実際に食事したかどうかではなく単なる挨拶。 返事→はい、しました：네, 먹었어요（ネー、モゴッソヨ） まだです：아직 못 먹었어요（アジンモンモゴッソヨ）
はじめまして	처음 뵙겠습니다 チョウム ベプケッスムニダ	（直）初めてお目にかかります このあと「만나서 반갑습니다（マンナソ パンガプスムニダ：お会いできてうれしいです）」と続ける。
会えてうれしい	반가워 パンガウォ	（原）반갑다　公式的な席で使われることが多い。SNSでは親しみを込めて방가방가（パンガパンガ）とも書く。

おはよう ございます	잘 잤어요? チャル チャッソヨ	(直) よく寝ましたか? (丁) 안녕히 주무셨어요? (アンニョンヒ チュムショッソヨ)
	좋은 아침입니다 チョウン アチミムニダ	(直) いい朝ですね　翻訳調。英語のグッドモーニングから来ているとの説が有力。友人同士では「좋은 아침」。
ありがとう	고마워 コマウォ	固有語の「ありがとう」。友人同士で使われる。(丁) 고마워요 (コマウォヨ)　英語の「땡큐」も使われる。
ありがとう ございます	감사합니다 カムサハムニダ	(漢) 感謝　漢字語の「ありがとう」。「ありがとう」は「감사합니다」と「고마워」のどちらを使ってもいい。
ごめん!	미안! ミアン	友人同士で使う。「미안해」もよし。 (丁) 미안합니다 (ミアナムニダ)
申し訳 ありません	죄송합니다 チェーソンハムニダ	深刻でないときは「죄송요:チェーソンヨ」とも。ただし、若い世代の言葉なので30代以上は「죄송해요:チェーソンヘヨ」を使うほうがいい。
ごめんなさい	잘못했어요 チャルモッテッソヨ	(直) (私が) 間違っていました 誤り、間違い:잘못　主に学校の先生や親に叱られたときに使う。
いただきます	자, 먹자 チャー、モㇰチャ	(直) さあ、食べよう! 많이 먹어:たくさん食べて、とも。
	잘 먹겠습니다 チャル モッケッスムニダ	韓国では一般に食前食後の挨拶はない。この言葉には相手に「ごちそうになります」の意味が込められていることが多い。
充分食べたよ	많이 먹었어 マニ モゴッソ	「더 먹으라 (もっと食べて)」と勧められたときの答えとして。
ごちそうさま でした	잘 먹었습니다 チャル モゴッスムニダ	ごちそうをしてくれた人への礼として使われることが多い。日本と同じでお店の人にも言う。

いえいえ	아닙니다 アニムニダ 아니에요 アニエヨ	どちらも「いいえ」の丁寧語。友人同士ではくだけた表現の「아냐（アニャー)」や「아니야（アニヤ)」を使う。後ろには「괜찮아（クェンチャナ)」を付けることが多い。単なる否定の言葉「いいえ」としても使える。
大丈夫です	괜찮아요 クェンチャナヨ	北朝鮮では일 없소（イロプソ)。
ダメです	안돼요 アンドェヨ	男性からの強引な誘いも、このように断る。
いいですよ	좋습니다 チョッスムニダ	友達には「좋아（チョア)」。
お疲れ！	수고！ スゴ	（丁）수고하세요（スゴハセヨ） 店を出るときの店員への挨拶としても使える。
よい一日を送ってください	좋은 하루 보내세요 チョウン ハル ポネセヨ	좋은 하루 되세요（チョウン ハル ドェセヨ）も一般的に使われているが、厳密には正しい表現ではない。
またね	또 만나 ト マンナ	（丁）또 만납시다（ト マンナプシダ） （類）또 보자（ト ボジャ）
じゃあね	그럼 갈게 クロム カルケ	（直）じゃあ行くね このあとに「나 간다」（私行くね）を使うと別れ際がきれい。
さよなら	잘 가 チャル ガ	「안녕」も使える。若者は英語の「바이（bye)」も使う。 （丁）안녕히 가세요 気をつけて帰って：조심히 가（チョーシミ ガ） また連絡して：또 연락해（ト ヨルラケ） あとで連絡して：이따가 연락해（イッタガ ヨルラッケ）

失礼します	가보겠습니다 カボゲッスムニダ	(直) 行ってみます 会っていて別れるときに言う言葉。 友達には「가볼게」。
	들어가세요 トゥロガセヨ	別れるときや電話を切るときに使ういちばん無難な表現。 友達には「들어가」。
お先に!	먼저 갈게 ! モンジョ ガルケ	友人同士で使う。 (丁) 먼저 가보겠습니다 先に行っていいよ：먼저 가도 돼
おやすみ	잘 자 チャル チャ	友達同士での最も一般的な言い方。 (丁) 잘 자요 (チャル チャヨ) (敬) 안녕히 주무세요→「주무세요」の原形は「주무시다」=「자다」の敬語で「お休みになる」。
	쉬세요 シュィセヨ	(直) 休んでください 友達には「쉬어」。 ゆっくり休んでね：푹 쉬어
	내 꿈 꿔 ネー クム クォ	(直)「私の夢を見てね」 恋人同士で使う。 **●ドラマ『キム秘書はいったい、なぜ?』より** 主人公のヨンジュンが秘書のミソに送ったメッセージ。「잘 자, 내 꿈 꿔도 좋다고 허락해 주지」(おやすみ、俺の夢を見てもいいと許可しよう) 夢を見る：꿈을 꾸다　夢で会おう：꿈에서 보자
	꿀잠 자 クルチャム チャ	「ぐっすり眠って」のいま風な言い方。 甘い眠り：꿀잠　(丁) 꿀잠 자요 一般的な言い方は「푹 자」。 (敬) ゆっくり寝てください：푹 주무세요

⑤基本の動詞

丁寧かつ親しみのある口調が「ヘヨ体」。「요（ヨ）」を取れば「パンマル」（フランク口調）になるので「ヘヨ体」を覚えると便利。

	ヘヨ体	原形	
行く	가요 カヨ	가다 カダ	「집에 가다」は「家に行く」の意味もあれば「家に帰る」の意味もある。状況によって訳し分ける。
来る	와요 ワヨ	오다 オダ	行ったり来たり：왔다갔다「왔다리 갔다리（ワッタリガッタリ）」という言葉は日本語の名残。
帰る	돌아가요 トラガヨ	돌아가다 トラガダ	旅行先など遠い場所から家に帰るとき、留学など長い期間を経て家に戻るときなどに使う。
歩く	걸어요 コロヨ	걷다 コッタ	●**『걸어서 세계속으로（歩いて世界の中へ）』**という有名なKBSの旅番組がある。
走る	뛰어요 ティオヨ	뛰다 ティダ	「뛰다」には跳ねる意味もあるので電車など乗り物に使うときは（類）「달리다」を使う。
逃げる	도망쳐요 トマンチョヨ	도망치다 トマンチダ	（同）도망가다（トマンガダ） 逃げろ！：도망쳐! ●**映画『タクシー運転手』より** 大学生のジェシクがピーターに言う。「도망쳐서 여기서 무슨 일이 벌어지고 있는지 전 세계에 알려주세요」（逃げて、ここで何が起きているのか、全世界に知らせてください）
消える	사라져요 サラジョヨ	사라지다 サラジダ	遠くに消えて：멀리 사라져줘 消えゆく命：사라져가는 생명 消えないで：사라지지 마
待つ	기다려요 キダリョヨ	기다리다 キダリダ	●**映画『タクシー運転手』より** サングの母「아이가 밤새도록 아빠 오기만을 기다렸다」（こどもが一晩中、お父さんが帰ってくるのを待ってたのよ）

	ヘヨ体	原形	
出る	나가요 ナガヨ	나가다 ナガダ	出ていけ！：나가! 出ていきたくない：나가기 싫어 外国に行く：외국으로 나가다
入る	들어가요 トゥロガヨ	들어가다 トゥロガダ	一日の日課を終えて家に帰る（入る）ときに使う。「돌아가다」と間違えやすいので注意。
食べる	먹어요 モゴヨ	먹다 モㇰタ	口から入るものは液体でも使える。水を飲んで：물 먹어　薬を飲む：약을 먹다
飲む	마셔요 マショヨ	마시다 マシダ	水やジュース、お酒などの液体を飲むときに使える。空気を吸うときも使ってＯＫ。
寝る	자요 チャヨ	자다 チャダ	（敬）주무시다 寝坊する：늦잠을 자다 昼寝する：낮잠을 자다
起きる	일어나요 イロナヨ	일어나다 イロナダ	立ち上がる、起き上がるの意味もある。　デモが起きる：데모가 일어나다　立て：일어나
住む	살아요 サラヨ	살다 サルダ	●バラエティ番組に『**나 혼자 산다（私はひとりで暮らす～シングルのハッピーライフ～）**』がある。
生きる	살아요 サラヨ	살다 サルダ	「살아만 있다면 뭐든 별일 아니겠지」（生きてさえいれば、どんなことも大したことじゃないさ）
傷つく	다쳐요 タチョヨ	다치다 タチダ	ケガをするの意味も。 아무도 다치지 않게：誰もケガしないように
死ぬ	죽어요 チュゴヨ	죽다 チュㇰタ	（敬）お亡くなりになる：돌아가시다　亡くなった：돌아가셨어 ●**ドラマ『コーヒープリンス１号店』より** カフェのホン社長が言う。「지금 당장은 죽을 것 같아도 세월 지나면 그게 그거야」（いまは死にそうに苦しくても、時がたてば平気になるさ）

	ヘヨ体	原形	
聞く	들어요 トゥロヨ	듣다 トゥッタ	●映画『完璧な他人』より 美容外科医ソクホの娘ソヨンが母親のことで嘆く。「제 말을 듣지도 않고 화부터 낼 거예요」(私の話なんか聞きもせずに、[お母さんは] ただ怒ると思う)
尋ねる	물어요 ムロヨ	묻다 ムッタ	「묻지마」(尋ねるな) を使った言葉に「묻지마 살인 (通り魔殺人)」「묻지마 테러 (無差別テロ)」。
持つ	가져요 カジョヨ	가지다 カジダ	所有するという意味の「持つ」。 欲しい：가지고 싶어 持っていって：가져요
	들어요 トゥロヨ	들다 トゥルダ	物理的に手に物を持っているときの「持つ」。持ちたい：들고 싶어 持ってあげる：들어 줄게
つかむ	잡아요 チャバヨ	잡다 チャプタ	女性が「날 잡아봐요」と言って逃げ、それを男性が追うバカップルのシーンはドラマの定番。
感じる	느껴요 ヌッキョヨ	느끼다 ヌッキダ	名詞形は「느낌」。 いい感じだ：느낌이 있다
見る	봐요 パヨ	보다 ポダ	ほら見ろ：그거 봐 補助動詞として使うときは「~してみる」の意。
会う	만나요 マンナヨ	만나다 マンナダ	運命的な出会い：운명적인 만남 友達に会う：친구를 만나다 ●ドラマ『雲が描いた月明り』より 命の恩人と偶然再会したヒロインのラオンが言う。「우리 할아버지께서 말씀하시길 만나야 할 사람은 어떻게든 다 만난다 하셨지요」(おじいさんが言いました。会うべき人とは必ず会うのだと)
あげる くれる	줘요 チュオヨ	주다 チュダ	友達に本をあげた：친구에게 책을 줬어　兄がプレゼントをくれた：오빠가 선물을 줬어

	ヘヨ体	原形	
もらう	받아요 パダヨ	받다 パッタ	母からお小遣いをもらった：엄마한테 용돈을 받았어　ちゃんと受け取りました：잘 받았어요
洗う	씻어요 シソヨ	씻다 シッタ	手をきれいに洗って：손을 깨끗이 씻어　手洗い：손씻기 足を洗った？：발 씻었어?
教える	가르쳐요 カルチョヨ	가르치다 カルチダ	教えて：가르쳐줘 間違ってはいるが「가르키다」という言葉を使うソウルっ子も多い。
忘れる	잊어요 イジョヨ	잊다 イッタ	忘れないで：잊지 마 「인생에서 절대 잊어버리지 말아야 할 사람은 미운 사람이 아니고 좋은 사람이오」（人生で絶対に忘れてはならない人は、憎い人ではなく、いい人です）
送る	보내요 ポネヨ	보내다 ポネダ	（敬）보내드리다 メールをお送りします：메일을 보내드립니다
守る	지켜요 チキョヨ	지키다 チキダ	私を守って：나를 지켜줘 **●映画『タクシー運転手』より** サングの母「지키지도 못 할 약속은 하지도 마라」（守れない約束はしちゃダメよ）
捨てる	버려요 ポリョヨ	버리다 ポリダ	補助動詞として使うときは「～してしまう」の意。 （反）拾う：줍다
失う	잃어요 イロヨ	잃다 イルタ	お財布をなくしちゃった：지갑을 잃어버렸어　記憶を失った：기억을 잃었어
作る	만들어요 マンドゥロヨ	만들다 マンドゥルダ	私が作ったパン：내가 만든 빵 使役動詞の役割も果たす。 悲しくさせる：슬프게 만들다
壊す	깨요 ケヨ	깨다 ケダ	硬いものを割る、ダメにする、～から覚める。　割れる：깨지다 お皿が割れた：접시가 깨졌어

	ヘヨ体	原形	
落とす	떨어뜨려요 トロトゥリョヨ	떨어뜨리다 トロトゥリダ	落とすなよ：떨어뜨리지 마 落としちゃった：떨어뜨렸어
置く	놓아요 ノアヨ	놓다 ノタ	（反）持つ：들다　つかむ：잡다 一時的にそこに置く。つかんでいたものを「放す」意味も。
	둬요 トゥォヨ	두다 トゥダ	「놓다」と大きな違いはなく、入れ替えて使えるケースが多い。ただし「放す」の意味はない。
入れる	넣어요 ノオヨ	넣다 ノータ	（反）取り出す：꺼내다　抜く：빼다　何入れる？：뭐 넣어줄까? 砂糖を入れて：설탕을 넣어줘
消す	지워요 チウォヨ	지우다 チウダ	メイクを落とす：화장을 지우다 痕跡を消す：흔적을 지우다　消しゴム：지우개
書く	써요 ソヨ	쓰다 スダ	「書く」と「使う」は同じ単語なので文脈で判断する。鉛筆など筆記用具が出てきたら「書く」。ほかにも「(帽子を）かぶる」「(眼鏡を）かける」など、「쓰다」にはいろいろな意味がある。
使う	써요 ソヨ	쓰다 スダ	
貸す	빌려줘요 ピルリョジョヨ	빌려주다 ピルリョジュダ	友達にお金を貸してあげた：친구한테 돈을 빌려줬어　妹が貸してくれたの：여동생이 빌려줬어
借りる	빌려요 ピルリョヨ	빌리다 ピルリダ	銀行から借りた：은행에서 빌렸어　ペンを借りられますか？：펜 좀 빌릴 수 있을까요?
読む	읽어요 イルゴヨ	읽다 イクタ	読んでみて：읽어봐 人の心を読むのは大事です：사람의 마음을 읽는 건 중요해요
売る	팔아요 パラヨ	팔다 パルダ	売れた：팔렸어　芸能人が「売れてる」ときは「뜨다」を使う。日本語の意味に惑わされないで。
買う	사요 サヨ	사다 サダ	私がおごります：제가 살게요 「おごる」のスラングは「쏘다」。 私がおごるよ：내가 쏜다

	ヘヨ体	原形	
学ぶ	배워요 ペウォヨ	배우다 ペウダ	「習う」「教わる」という意味もある。　韓国語を学ばなくちゃ：한국어를 배워야지
呼ぶ	불러요 プルロヨ	부르다 プルダ	**●ドラマ『花遊記』より** 主人公のオゴンがヒロインのソンミに言う。「나타날 기회가 없었지. 니가 내 이름을 불러준 적이 없잖아」(現れる機会がなかったのさ。俺の名前を呼んだことないだろ)
手伝う	도와요 トワヨ	돕다 トプタ	**●映画『完璧な他人』より** 美容外科医のソクホが娘をなだめる。「엄마는 널 돕고 싶어하는 거야. 널 많이 사랑하잖아」(母さんはお前を助けたいんだよ。愛してるから)
動く	움직여요 ウムジギョヨ	움직이다 ウムジギダ	動かない：안 움직여　人々の言葉は私の心を動かした：사람들의 말이 내 마음을 움직였다
乗る	타요 タヨ	타다 タダ	ちょっと乗せて：나 좀 태워줘 ほかにも「燃える」「つけいる」などの意味もある。
降りる	내려요 ネリョヨ	내리다 ネリダ	降ります！：내릴게요! 「降る」「下りる」などの意味もある。　雨降る日：비가 내리는 날
わかる 知る	알아요 アラヨ	알다 アルダ	**わからない、知らない：**몰라 (原) 모르다 **●ドラマ『雲が描いた月明り』より** ヒロインのラオンへの気持ちを止められない世子・ヨンが言う。「그래 알아. 헌데 내가 한번 해보려 한다 그 못된 사랑」(ああ、わかってる。それでも一度してみようと思う。そのいけない恋を)
勝つ	이겨요 イギョヨ	이기다 イギダ	今日は絶対勝ちたい：오늘은 꼭 이기고 싶어　コロナに打ち勝とう：코로나를 이겨내자

	ヘヨ体	原形	
負ける	져요 チョヨ	지다 チダ	負けたけど頑張ったね：졌지만 잘 싸웠어　代金などを「まけてほしい」の意味では使えない。
泣く	울어요 ウロヨ	울다 ウルダ	泣かせる：울리다 **●映画『完璧な他人』より** 弁護士のテスは妻のスヒョンに言う。「사람들 있는 데서 좀 울지 좀 말고 좀」(みんながいるんだから泣くなよ)
笑う	웃어요 ウソヨ	웃다 ウッタ	泣き顔：우는 얼굴 笑い顔：웃는 얼굴 笑い：웃음
似る	닮아요 タルマヨ	닮다 タムタ	顔や性格などがそっくり。 お母さんに似てないね：엄마 안 닮았네　過去形で使う。
似ている	비슷해 ピステ	비슷하다 ピスタダ	雰囲気やものが似ている。 この２つは似てないでしょ：이 두 개는 안 비슷하죠?
休む	쉬어요 シュィオヨ	쉬다 シュィダ	仮病で会社を休んだの：꾀병으로 회사를 쉬었어 ５分休もう：5분만 쉬자
終わる	끝나요 クンナヨ	끝나다 クンナダ	授業終わった？：수업 끝났어? 私たちは終わりよ：우린 끝났어 終える：끝내다
させる	시켜요 シキョヨ	시키다 シキダ	私にこんなことさせないで：나한테 이런 거 시키지 마 「注文する」の意味もある。
変える 替える	바꿔요 パックォヨ	바꾸다 パックダ	入れ替えるとき。友達と服を交換する、古いものを新しいものと替える、恋人を変えるなど。

[～하다の動詞]

日本語の「～する」と同様、「名詞＋하다（ハダ）」で動詞形になる単語。

	ヘヨ体	原形	
考える	생각해요 センガケヨ	생각하다 センガカダ	思い、考え：생각 私もそう思う：나도 그렇게 생각해　思い出す：생각나다
言う	말해요 マレヨ	말하다 マラダ	大きな声で言って：큰소리로 말해　悪く言わないで：나쁘게 말하지 마
話す	얘기해요 イェーギヘヨ	얘기하다 イェーギハダ	이야기하다の略。말하다と入れ替えて使えることが多い。 話してみて：얘기해봐
伝える	전해요 チョネヨ	전하다 チョナダ	**●映画『タクシー運転手』より** 光州を取材したピーターが主人公のマンソプに言う。「약속한다. 진실을 반드시 전하겠다」（約束する。真実は必ず伝えるよ）
勉強する	공부해요 コンブヘヨ	공부하다 コンブハダ	（漢）工夫　**●ドラマ『ドラゴン桜』**の韓国名は『공부의 신』。 勉強したくない：공부하기 싫어
出発する	출발해요 チュルバレヨ	출발하다 チュルバラダ	いまから家を出るよ：지금 집에서출발해　「집을 나가다」（家を出る）は「家出する」という意味。
着く	도착해요 トーチャケヨ	도착하다 トーチャカダ	（漢）到着 着く前に電話して：도착하기 전에 전화해
謝る	사과해요 サグァヘヨ	사과하다 サグァハダ	謝ってください：사과하세요　謝ります：사과할게요
疲れる	피곤해요 ピゴネヨ	피곤하다 ピゴナダ	いくら寝ても疲れが取れない：자도 자도 피곤해　疲れてるように見えます：피곤해 보여요
働く	일해요 イレヨ	일하다 イラダ	夜遅くまで仕事しました：밤늦게까지 일했어요　仕事中にケガしました：일하다 다쳤어요

	ヘヨ体	原形	
始める	시작해요 シージャケヨ	시작하다 シージャカダ	事業を始めたよ：사업을 시작했어　私たち、もう一度やり直そう：우리 다시 시작하자
祈る	기도해요 キドヘヨ	기도하다 キドハダ	（漢）祈禱　固有語「빌다」のほうが柔らかい感じ。　一緒に祈りましょう：함께 기도합시다
変わる	변해요 ピョネヨ	변하다 ピョナダ	変化すること。色が変わったとき、愛が変わった（冷めた）ときなど。
救う	구해요 クヘヨ	구하다 クハダ	「누군가를 구하고 싶은 마음, 그거였어」（誰かを救いたいって気持ちだった）
ほめる	칭찬해요 チンチャネヨ	칭찬하다 チンチャナダ	よくやったってほめてよ：잘했다고 칭찬해줘　自分をほめて愛そう：자신을 칭찬하고 사랑하자
出勤する	출근해요 チュルグネヨ	출근하다 チュルグナダ	バスで出勤します：버스로 출근해요　出勤時に聴く音楽：출근할 때 듣는 음악
退勤する	퇴근해요 トェーグネヨ	퇴근하다 トェーグナダ	何時に退勤しますか？：몇 시에 퇴근하세요?　遅くに退勤しました：늦게 퇴근했어요
散歩する	산책해요 サンチェケヨ	산책하다 サンチェカダ	週末一緒に散歩しよう：주말에 같이 산책해요
締め切る	마감해요 マガメヨ	마감하다 マガマダ	願書の受付を締め切ります：원서 접수를 마감합니다　一年を締めくくる：한 해를 마감하다
準備する	준비해요 チュンビヘヨ	준비하다 チュンビハダ	書類を準備して：서류를 준비해줘　準備できた？：준비됐어?
滅びる	망해요 マンヘヨ	망하다 マンハダ	会社が潰れたの？：회사가 망했어?　潰れる寸前だよ：망하기 직전이야
説明する	설명해요 ソルミョンヘヨ	설명하다 ソルミョンハダ	簡単に説明して差し上げます：쉽게 설명해 드립니다　説明が上手だね：설명 잘하네

⑥覚えておきたい形容詞

動詞と同様、基本形は「～다（ダ）」。日常会話に頻出する超基本の単語は反対語とセットで、繰り返し声に出して読んで丸暗記！

	ヘヨ体	原形	
いい	좋아요 チョアヨ	좋다 チョタ	
悪い	나빠요 ナッパヨ	나쁘다 ナップダ	
大きい	커요 コヨ	크다 クダ	
小さい	작아요 チャガヨ	작다 チャクタ	
多い	많아요 マナヨ	많다 マンタ	
少ない	적어요 チョゴヨ	적다 チョクタ	
（価格が）高い	비싸요 ピッサヨ	비싸다 ピッサダ	「돈 주고 못 사는 게 제일 비싼 거랬어」（お金で買えないものがいちばん高いものだっていうでしょ）
安い	싸요 サヨ	싸다 サダ	
（位置が）高い	높아요 ノパヨ	높다 ノプタ	
低い	낮아요 ナジャヨ	낮다 ナッタ	

ソウル・江南区のバー
「나쁜 여자」（悪い女）

	ヘヨ体	原形
長い	길어요 キロヨ	길다 キルダ
短い	짧아요 チャルバヨ	짧다 チャルタ
難しい	어려워요 オリョウォヨ	어렵다 オリョプタ
易(やさ)しい	쉬워요 シュイオヨ	쉽다 シュイプタ
重い	무거워요 ムゴウォヨ	무겁다 ムゴプタ
軽い	가벼워요 カビョウォヨ	가볍다 カビョプタ
広い	넓어요 ノルボヨ	넓다 ノルタ
狭い	좁아요 チョバヨ	좁다 チョプタ
深い	깊어요 キポヨ	깊다 キプタ
浅い	얕아요 ヤタヨ	얕다 ヤッタ
太い	굵어요 クルゴヨ	굵다 ククタ
細い	가늘어요 カヌロヨ	가늘다 カヌルダ

小金山吊り橋
(江原道原州市)

	ヘヨ体	原形	
厚い	두꺼워요 トゥッコウォヨ	두껍다 トッコプタ	
薄い	얇아요 ヤルバヨ	얇다 ヤルタ	
遠い	멀어요 モロヨ	멀다 モルダ	名詞を修飾するときは「먼」になる。 遠い家：먼 집
近い	가까워요 カッカウォヨ	가깝다 カッカプタ	
強い	강해요 カンヘヨ	강하다 カンハダ	
弱い	약해요 ヤケヨ	약하다 ヤカダ	
きれいだ	깨끗해요 ケックテヨ	깨끗하다 ケックタダ	後腐れがない：뒤가 깨끗하다 私は潔白です：저는 깨끗합니다
汚い	더러워요 トロウォヨ	더럽다 トロプタ	
危険だ	위험해요 ウィホメヨ	위험하다 ウィホマダ	（反）安全だ：안전하다　危ない行動を取る人：위험한 행동을 하는 사람
重要だ	중요해요 チューンヨヘヨ	중요하다 チューンヨハダ	**●ドラマ『キム秘書はいったい、なぜ？』より** 主人公のヨンジュンが秘書のミソに言う。「어떤 순간에도 가장 중요한 건 자기 자신이야」（どんな瞬間もいちばん大事なのは自分自身だ） 日本語では「大事」と訳したほうがしっくりくることも多い。

	ヘヨ体	原形	
大切だ	소중해요 ソージュンヘヨ	소중하다 ソージュンハダ	●ドラマ『太陽を抱く月』より 世子・フォンは護衛武官のウンに言う。「나는 더 이상 소중한 사람들을 잃고 싶지 않구나」（私はこれ以上、大切な人たちを失いたくないのだ）
特別だ	특별해요 トゥクピョレヨ	특별하다 トゥクピョラダ	●ドラマ『花遊記』より 牛魔王・フィが主人公のソンミに言う。「기억이 날 만큼 특별하지 않았나 보죠」（思い出せるほど特別ではなかったようです） （反）平凡だ：평범하다
速い	빨라요 パルラヨ	빠르다 パルダ	
遅い	늦어요 ヌジョヨ	늦다 ヌッタ	遅刻する：지각하다
変だ	이상해요 イサンヘヨ	이상하다 イサンハダ	
明るい	밝아요 パルガヨ	밝다 パクタ	明るい性格です：밝은 성격이에요
暗い	어두워요 オドゥウォヨ	어둡다 オドゥプタ	部屋がちょっと暗いです：방이 좀 어둡네요
忙しい	바빠요 パッパヨ	바쁘다 パップダ	
暇（ひま）だ	한가해요 ハンガヘヨ	한가하다 ハンガハダ	
異なる	달라요 タルラヨ	다르다 タルダ	

⑦覚えておきたい副詞

動詞や形容詞を修飾する副詞が많이（マニ）使えると、반드시（パンドゥシ）会話のレベルがワンランクアップするはず！

すごく	굉장히 クェンジャンヒ
	대단히 テダニ
	무지 ムジ
	되게 トェーゲ
	엄청 オムチョン
	무척 ムチョㇰ
	아주 アジュ
	매우 メウ
かなり	꽤 クゥエ
たくさん	많이 マニ
全部	다 ター

あまりにも	너무 ノム
もっと	더 ト
もう一度	다시 タシ
また	또 ト
まだ	아직 アジㇰ
前もって	미리 ミリ
近く	가까이 カッカイ
遠く	멀리 モルリ
とにかく	아무튼 アムトゥン
	어쨌든 オッチェットゥン
たぶん	아마 アマ

とうてい	도저히 トジョヒ	ふと	문득 ムントゥク
しばしば	자주 チャジュ	偶然に	우연히 ウヨニ
ときどき	가끔 カックム	勝手に	마음대로 マウムデロ
	종종 チョンジョン	なにとぞ	부디 プディ
ほとんど	거의 コイ	どうか	제발 チェーバル
ようやく	겨우 キョウ	こっそり	살짝 サルチャク
隅々	구석구석 クソックソク	～もまた	또한 トハン
果たして	과연 クァヨン	ゆっくり	천천히 チョーンチョニ
幸いにも	다행히 タヘンイ	早く	빨리 パルリ
あえて	굳이 クジ	早めに	일찍 イルチク
いったい	도대체 トデチェ	すぐに	곧 コッ
ついに	마침내 マッチムネ	いますぐ	당장 タンジャン

絶対に	절대 チョルテ	絶えず	꾸준히 クジュニ
永遠に	영원히 ヨンウォニ	お互いに	서로 ソロ
一緒に	함께 ハムケ		
	같이 カチ	主に助詞「과/와」のあとに使われる。	
まったく	전혀 チョニョ	まったくの別人：전혀 다른 사람（チョニョ タルン サラム）	
さっさと	얼른 オルルン	「자, 얼른 나갈 준비 하자고」（さぁ、さっさと行く支度をして）	
必ず	반드시 パンドゥシ	いつも	늘 ヌル
	꼭 コッ		항상 ハンサン
ずっと	계속 ケーソㇰ	ずっと仕事してるの？：계속 일하고 있어?（ケーソㇰ イラゴ イッソ）	
やっぱり	역시 ヨㇰシ	場合によっては「さすが」という意味に。	
いつでも	언제나 オンジェナ	どんなときも。	
どう	어떻게 オットケ	「どうしよう：어떡해（オットケ）」は形と発音は似ているが、動詞「어떡하다」の活用形なので注意。	

⑧人称代名詞・人の呼び方

定番の単語から教科書に載っていない呼び方まで紹介。SNS、ドラマによく登場する表現を使いこなそう。

あなたは私の英雄

		単数		複数	
一人称（自分）	普通	나 ナ	私、僕、俺	우리 ウリ	私たち
		내 ネ	私の、僕の、俺の		
	謙譲語	저 チョ	ワタクシ	저희 チョヒ	ワタクシども
		제 チェ	ワタクシの		
	敬語	짐 チム	余（よ） （時代劇で使われる）		
	俗語	본좌 ポンジャ	私様 （ネット用語）		
二人称（相手）	普通	너 ノ	あんた	너희 ノヒ	あんたたち
				너네 ノネ	お前たち
		당신 タンシン	あんた	니네 ニネ	おめえら
				당신들 タンシンドゥル	あんた方

			単数		複数	
		丁寧語	자네 チャネ	君	여러분 ヨロブン	皆さん
			당신 タンシン	あなた		
			그대 クデ	君、 そなた		
			님 ニム	あなた様		
三人称	近称	普通	이 사람 イ サラム	この人	이 사람들 イ サラムドゥル	この人たち
		敬語	이 분 イ ブン	この方	이 분들 イ ブンドゥル	この方たち
	中称	普通	그 사람 ク サラム	その人	그 사람들 ク サラムドゥル	その人たち
		敬語	그 분 ク ブン	その方	그 분들 ク ブンドゥル	その方たち
	遠称	普通	저 사람 チョ サラム	あの人	저 사람들 チョ サラムドゥル	あの人たち
		敬語	저 분 チョ ブン	あの方	저 분들 チョ ブンドゥル	あの方たち
恋人、夫婦同士			자기야 チャギヤ	あなた、お前		
			여보 ヨボ			
			당신 タンシン			

⑨家族

ドラマに頻出する韓国の家族の呼び名はちょっと複雑。まずは自分の家族を説明できればOK! 残りは必要なときに覚えましょう。

日本語	韓国語	解説
父	아빠 アッパ	아버지（アボジ：お父さん）を親しみを込めて呼ぶとき。中高年の男性でも自分の親を「아빠（アッパ）」「엄마（オムマ）」と呼ぶので、日本の「パパ」「ママ」とは若干感覚が異なる。 （丁）아버님（アボニム）
母	엄마 オムマ	어머니（オモニ）を親しみを込めて呼ぶとき。（丁）어머님（オモニム）
両親	부모 プモ	呼ぶときは「님（ニム）」を付けて「부모님（プモニム）」。 **●ドラマ『太陽を抱く月』より** 巫女のウォルに出会った世子・フォンが言う。「어서 답을 해 보라. 네가 태어난 곳이 어딘가 묻지 않느냐. 부모와 형제는 어디 있느냐」（さあ、答えよ。お前が生まれたのはどこかと聞いているのだ。親兄弟はどこにいるのだ）

息子	아들 アドゥル	甥	조카 チョカ
娘	딸 タル	姪	조카딸 チョカッタル

日本語	韓国語	解説
兄	형 / 오빠 ヒョン／オッパ	男性が年上の男性を呼ぶとき：형 ※実の兄でなくても年上に使う。 女性が年上の男性を呼ぶとき：오빠 彼氏のことも「오빠」と呼ぶ。 （丁）오라버니：（オラボニ） **●映画『エクストリーム・ジョブ』より** 主人公のコ班長がライバルに言う。「동생이라고 생각한 적 한 번도 없어. ……형」（弟だと思ったことは一度もないぞ。……アニキ）

姉	누나/언니 ヌナ/オンニ	男性が年上の女性を呼ぶとき：누나 女性が年上の女性を呼ぶとき：언니	
兄弟	형제 ヒョンジェ	弟	남동생 ナムドンセン
姉妹	자매 チャメ	妹	여동생 ヨドンセン
いちばん上の○○	맏 マッ	いちばん上の姉：맏언니（マドンニ） いちばん上の兄：맏형（マッテョン） 兄弟のうちいちばんの年長者：맏이（マジ）	
上の○○	큰 クン	（直）大きな 上の姉：큰언니（クノンニ） 上の兄：큰오빠（クノッパ） 上の妹か弟：큰동생（クン ドンセン）	
下の○○	작은 チャグン	（直）小さな 下の姉：작은누나（チャグン ヌナ） 下の兄：작은형（チャグン ヒョン） 下の妹か弟：작은동생（チャグン ドンセン）	
いちばん上の子	첫째 チョッチェ	二番目の子：둘째（トゥルチェ） 三番目の子：셋째（セッチェ） 四番目の子：넷째（ネッチェ）	
年下の兄弟	동생 トンセン	男女の区別なく使う。実の妹弟でなくても、かわいがっている年下の子をこう呼ぶ。 **●ドラマ『コーヒープリンス１号店』より** ヒロインであるウンチャンの主人公ハンギョルに対する思い。「그렇게 동생으로라도 나는 그 사람 옆에 있고 싶었습니다」（そうやって弟としてでも彼のそばにいたかったのです）	

妻	아내 アネ	ワイフ：와이프（ワイプ） 家内：집사람（チプサラム） 嫁：마누라（マヌラ）
夫	남편 ナムピョン	旦那：서방（ソバン） 新郎：신랑（シルラン）本来は新婚のときにのみ使う呼び方だが、40～50代の女性でも夫をこう呼ぶ人もいる。
実の～	친○○ チン	実の兄弟を強調したいときは「친（チン）」を付ける。 実の兄：친형（チニョン） 実の姉：친언니（チノンニ） 実の妹弟：친동생（チンドンセン） 実の妹：친여동생（チニョドンセン） 実の兄弟：친형제（チニョンジェ）
おじいさん	할아버지 ハラボジ	父方か母方かをはっきり言うことが多い。 （丁）조부（チョブ）：祖父。祖父母をまとめて「조부모（チョブモ）」というが、日常会話では「할아버지、할머니」のほうが一般的。 父方には「친（チン）＝親」、母方には「외（ウェー）＝外」を付ける。 父方の祖父：친할아버지（チナラボジ） 母方の祖母：외할머니（ウェーハルモニ） **●ドラマ『雲が描いた月明り』より** 判断を迷っている世子・ヨンに、ヒロインのラオンがしたアドバイス。「우리 할아버지께서 말씀하시길 마음이 슬프면 모든 일이 의심스럽다 하셨습니다」（おじいさんが言っていました。悲しいときは何もかも疑わしく思えるんだと）
おばあさん	할머니 ハルモニ	（丁）祖母：조모（チョモ）
孫	손주 ソンジュ	女孫：손녀（ソンニョ） 男孫：손자（ソンジャ） 息子のこどもには「친（チン）＝親」、娘のこどもには「외（ウェー）＝外」を付ける。 男孫（内孫）：친손자（チンソンジャ） 女孫（外孫）：외손녀（ウェーソンニョ）

いとこ	사촌 サチョン	年下のいとこ：사촌동생（サチョンドンセン） いとこのお兄さん：사촌오빠（サチョノッパ）
妻や夫の兄弟姉妹の配偶者	동서 トンソ	妻の姉の夫や、夫の兄の妻は「형님（ヒョンニム）」と呼ぶ。
おじ（父方）	큰아버지 クナボジ	父の兄。兄弟が２人以上いる場合は長兄がこう呼ばれる。
	작은아버지 チャグナボジ	父の弟。
	고모부 コモブ	父の姉妹（고모）の夫。
おば（父方）	큰어머니 クノモニ	父の兄（伯父）の妻。
	작은어머니 チャグノモニ	父の弟（叔父）の妻。
	고모 コモ	父の姉妹。
おじ（母方）	외삼촌 ウェーサムチョン	母の兄弟。
	이모부 イモブ	母の姉妹（이모）の夫。
おば（母方）	외숙모 ウェースンモ	母の兄弟（외삼촌の妻）の妻。
	이모 イモ	母の姉妹。

Column 干支（띠）の韓国語

韓国にもある十二支「십이지（シビジ）」。ただし、日本の亥（イノシシ）年は韓国や中国では〝豚年〟です！

① 鼠（ネズミ）	쥐 チュィ	
② 牛（ウシ）	소 ソ	
③ 虎（トラ）	호랑이 ホランイ	
④ 兎（ウサギ）	토끼 トキ	
⑤ 辰（タツ）	용 ヨン	
⑥ 蛇（ヘビ）	뱀 ペム	
⑦ 馬（ウマ）	말 マル	
⑧ 羊（ヒツジ）	양 ヤン	
⑨ 猿（サル）	원숭이 ウォンスンイ	
⑩ 鶏（ニワトリ）	닭 タク	鶏肉：닭고기（タッコギ）
⑪ 犬（イヌ）	개 ケ	子犬や小型犬：강아지（カンアジ）　わんちゃん：멍멍이（モンモンイ）
⑫ 豚（ブタ）	돼지 テジ	干支のときは「イノシシ：멧돼지」とは言わない
⑬ 同じ干支	띠동갑 ティドンガプ	ひと回り違う（12歳差）同じ干支

何年（なにどし）ですか？

무슨 띠예요?
ムスン　ティエヨ?

私は（ネズミ）年です

저는【쥐】띠예요.
チョヌン　チュイティエヨ

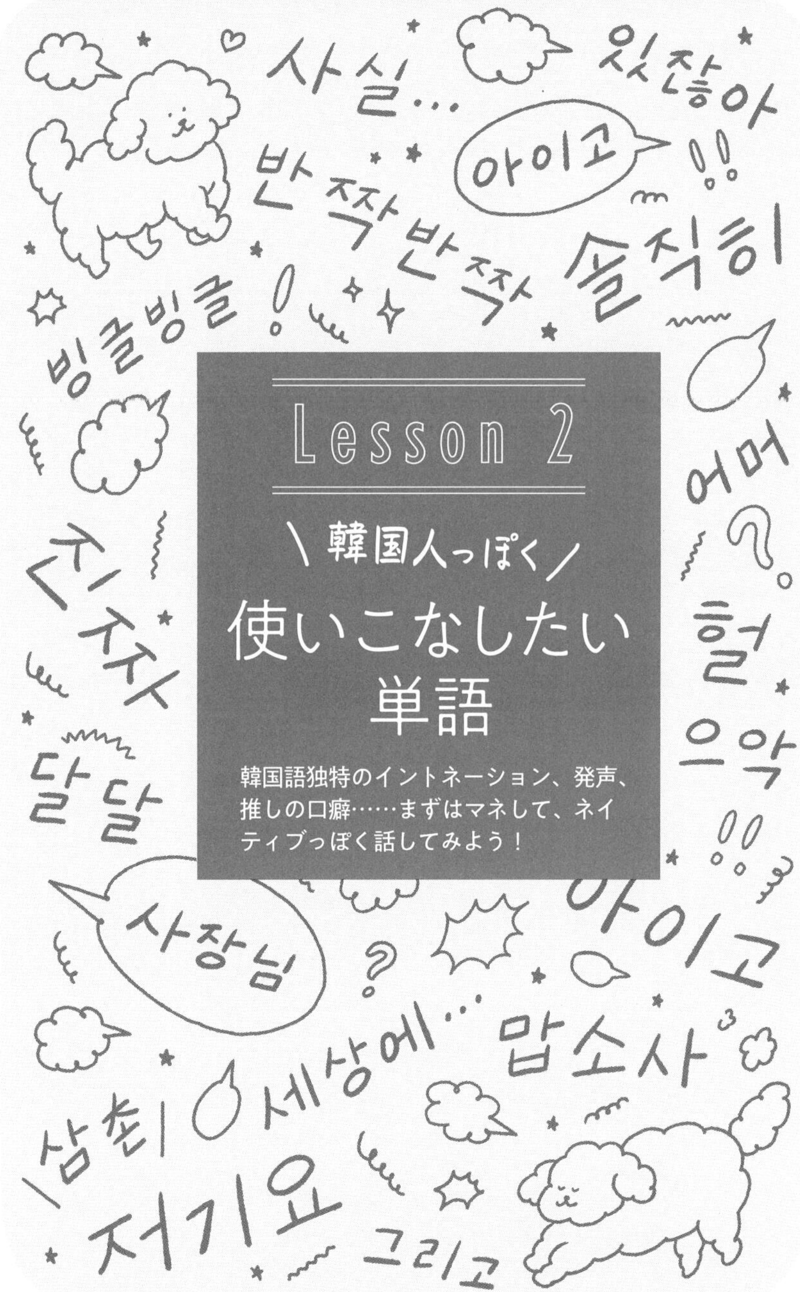

Lesson 2

＼韓国人っぽく／
使いこなしたい単語

韓国語独特のイントネーション、発声、推しの口癖……まずはマネして、ネイティブっぽく話してみよう！

①呼びかけ

韓国人に話しかけるときの必須ワード。これだけ覚えて勇気をもって呼びかければ「네！」（ネー）と返してくれるはず！

あの〜	저기요 チョギヨ	道で知らない人に声をかけるとき。
ねぇ、おい	야 ヤー	友人同士で使う。知らない人に使ったらケンカになるので注意。もちろん年上にはNG。
すみませんが……	실레지만…… シルレジマン	
ちょっと すみません	저기 죄송한데요 チョギ チェソンハンデヨ	
ちょっと いいですか	잠시만요 チャムシマンニョ	道で知らない人に声をかけるとき。「ちょっと待ってください」という意味もある。
	잠깐만요 チャムカンマンニョ	
社長さ〜ん	사장님〜 サジャンニーム	本当の社長でなくてもお店を仕切っていそうな人には使える。
お勘定 お願いしま〜す	계산요〜 ケーサンニョー	食堂でお勘定をするとき。「요」が付いているがフランクな口調に近い。「계산할게요（ケーサンハルケヨ」がもっと丁寧。

②感嘆詞・相づち

会話中にうまく使うのが意外と難しい相づちや感嘆詞。状況に合わせて使いこなせれば一気にネイティブ感アップ。

なんてこった!	세상에! セーサンエ	肯定的な意味でも否定的な意味でも使われる。
	맙소사! マプソサ	否定的な意味でのみ使われる。オーマイゴッド、的ニュアンス。
まあ!	아이고! アイゴ	表情と声色を変えれば、驚いたとき、悔しいとき、あきれたとき、悲しいときなど、さまざまな状況で使える。
	어머(나)! オモ　　ナ	「おっと！」など驚いたときに使う女性言葉。男性がふざけて使うこともある。
おいおい	저런 チョロン	저런저런と二度続けても使える。「이런（イロン）」も意味は同じ。
やった〜!	앗싸! アッサ	「앗사」「아싸」などの表記もある。
マジ?	헐? ホル	「ホルー」と長く伸ばすと疑い感がさらにアップ。
	레알? レアル	「real?」をおどけて発音したのが定着。
	실화? シラ	（漢）実話
	진짜? チンッチャ	「진짜로?」「진짜야?」とも言う。 マジで好き：진짜로 좋아해
	정말? チョンマル	「정말로?」「정말이야?」とも言う。

ヤバっ!	**대박!** テーバク	「すごい」の意味。 大当たりした：대박났다
まさか!	**설마!** ソルマ	설마가 사람 잡는다（ソルマガ サラム チャムヌンダ）：油断大敵（直）まさかが人を殺す　よく使われることわざ。
そのとおり!	**암!** アーム	
オーケー!	**콜!** コル	ポーカーのcallが由来。 オーケー、ノった！：오케이, 콜！
そう?	**그래?** クレ	丁寧には「그래요?（クレヨ）」。おどけて言うときは「고뢰?（コーレー）」。
どうしてよ～	**왜 그래** ウェーグレー	
ったく!	**아 놔!** ア ヌァ	あきれたとき。
は?	**뭐?** ムウォ	何だよ？：뭐야?（ムゥォヤ）　何ですか？：뭐예요?（ムゥォエヨ）
別に	**그냥** クニャン	なんとなく、ただの、という意味も。 ただの友達：그냥 친구（クニャン チング） ただ会いたくて：그냥 보고 싶어서（クニャン ポゴ シッポソ）
もちろんです	**물론이죠** ムルロニジョ	（原）물론이다

当然ですよ	당연하죠 タンヨナジョ	（原）당연하다 友達同士では「당연하지」。
うわっ、 びっくりした！	깜짝이야！ カムチャギヤ	びっくりした：깜짝 놀랐어　驚かないでね：놀라지 마　驚かせないでよ：놀래키지 마
どうしろっ てんだ？	어쩌라고？ オッチョラゴ	少し怒りの入ったニュアンス。
わかった？	알았지？ アラッチ	
よし！	좋았어！ チョアッソ	よくやった、というニュアンス。
最高！	짱이야！ チャンイヤ	いちばん人気だ：인기짱이야（インッキ チャンイヤ）
そうそう	맞아 マジャ	そのとおり：그 말이 맞아　それだよ：바로 그거야
違うよ	틀렸어 トゥルリョッソ	（原）틀리다：間違う
ありえない！	말도 안돼！ マルド アンドェ	
あきれた	참나 チャムナ	
せーの！	시작！ シージャク	（直）始め！
そんなはずは！	그럴 리가！ クロルリガ	同じような表現に、그럴 리가 없어、그럴 리가 없잖아、그럴 리가 있냐？などがある。

それな	내 말이 ネマリ	내 말이 그말이야（私が言いたいのはそれよ）の略。
そうしなきゃ	그래야지 クレヤジ	
そうだよ	그럼 クローム	
ですよね	그러니까요 クロニカヨ	
だよね	그니까 クニカ	女子が使うとかわいい。 （丁）「그니까요（クニカヨ）」
	그러게 クロゲ	
そっか／なるほど／そうなんだ	그렇구나 クロックナー	그랬구나：そうだったんだね 「～구나」「～군」「～구요」はそのときに知った事実への驚きや感嘆を表す。
それで?	그래서? クレソ	
なんて?	뭐래? ムォレ	
そうだよね?	그치? クチ	그렇치?（クロチ）の略。
そうかな?	그런가? クロンガ	안 그런가?：違うかな？
うんうん	응응 ウンウン	

③単語を強調する言葉

話しているとき、どうしても強調したい言葉があるはず。使いこなして韓国人と熱い気持ちを伝え合ってみよう。

最高に○○	짱○○ チャン	（直）最高 짱이뻐、짱귀여워（最高にかわいい） 짱멋있어（最高にカッコいい）
すげえ○○	핵○○ ヘク	（直）核 （類）超○○：초○○
めちゃくちゃ○○	꿀○○ クル	（直）ハチミツ　めちゃくちゃ面白い：꿀잼（クルチェム） 꿀피부＝ハチミツ肌＝美肌
ものすごく○○	왕○○ ワン	（漢）王 （類）でら○○：겁나○○（コムナ） （直）ビビるほど
くそ○○	존나○○ チョンナ	（直）くそ「존」は男性器「좆」から派生したものなので、日常会話で使うと品性を疑われるおそれアリ。
めっちゃ○○	개○○ ケ	（直）犬 最近は「개」をより強調するため、激音を使って「캐」と書くことも多い。
マジ○○	레알○○ レアル	（直）リアル 레알 실화?（レアル シラ）：マジ本当？
すっごく○○	완전○○ ワンジョン	すっごくいい：완전 좋아 すっごくおいしい：완전 맛있어
本当に○○	진짜○○ チンチャ	本当に面白い：진짜 재미있어 強調するときは「진짜 진짜 재미있어」と言う。（類）정말○○
非○○	노○○ ノー	（直）ノー 面白くない：노잼（ノージェム）＝재미없다（チェミオプタ）
いままでで最高の○○	인생○○ インセン	最高の写真：인생짤（インセンチャル）、인생샷（インセンシャッ） 最高のアイテム：인생템

④韓国人の口癖

ドラマや映画で耳に残る、気になる言い回し……音声を繰り返し聞きながら、意味も覚えて自分の口癖にしてみては!?

見つかっちゃった	딱 걸렸어 タッ コルリョッソ	(原) 딱 걸리다　現場を目撃されたとき。現場を目撃した側が使うと「見たぞ」「バレてるぞ」の意味。
常識がない	개념이 없어 ケーニョミ オプソ	(原) 개념이 없다 (漢) 概念 (類) 무개념 (ムゲーニョム)
バタバタしてて……	정신이 チョンシニ 없어서…… オプソソ……	(原) 정신이 없다 (直) 精神がない **●映画『エクストリーム・ジョブ』より** 主人公のコ班長がライバルに言われる。「사실 우리 아현동 정리 덜 돼서 정신없어」(実はアヒョン洞の事件の始末で忙しいんだ)
しかたないね	어쩔 수 없네 オッチョルス オムネ	(原) 어쩔 수 없다
ベストを尽くします	최선을 チェーソヌル 다하겠습니다 ターハゲッスムニダ	(原) 최선을 다하다 **●ドラマ『キム秘書はいったい、なぜ?』より** 秘書のミソが副会長のヨンジュンに言う。「한 번만 살려주십시오. 무슨 일이든 최선을 다하겠습니다」(一度だけ助けてください。どんな仕事でも精いっぱい頑張ります)
どうしたの?	웬일이야? ウェニリヤ	こんな時間にどうしたの?：이 시간에 웬일이야? (イ シガネ ウェニリヤ)
やめろ	그만해 クマネ	
じっとしてろ	가만히 있어 カマニ イッソ	(原) 가만히 있다

関係ない	**상관없어** サングァン オプソ	「かまわない」「気にしない」という意味でも使われる。 **●ドラマ『花遊記』より** 牛魔王・フィが主人公のオゴンに言う。「네가 그걸 잡아먹든 말든 난 상관 안 해」（お前が食おうと食うまいと俺には関係ない）
	관계없어 クァンゲ オプソ	상관없어と同じように使われることも多いが「関係性がない」というニュアンスを含むときはこちらを使う。
気にするな	**신경 쓰지 마** シンギョン スジ マ	気になる：신경 쓰여
お手上げだ	**빼도 박도 못해** ペド バクト モテ	（直）抜くことも差すこともできない＝抜き差しならない （略）빼박（ペバク）→「確実だ」「はっきりしている」の意味で使われる。
いい加減にしろよ	**작작 좀 해라** チャクチャク チョム ヘラ	「작작」は「たいがいに」「いい加減に」「休み休み」という意味の副詞。 お酒もたいがいにして：술 좀 작작 마셔라
なんともないよ	**멀쩡해** モルチョンヘ	（原）멀쩡하다　まともな状態のこと。大丈夫だよ、のニュアンスでも使われる。
敬語は使わないでください	**말씀 낮추세요** マルスム ナチュセヨ	（類）말 놓으세요　自分の地位や年齢が相手より下でも、初対面や親しくないときは相手に敬語（존댓말）で話される。恐れ多いので、このフレーズを使ってフランクな口調に変えてもらおう。

ためぐちで話そう	말 놓자 マル ノチャ	ためぐち：반말（パンマル）
どう考えても	인간적으로 インガンチョグロ	（直）人間的に　自分の主張を強調するときに使う。
正直言って	솔직히 말해서 ソルチキ マレソ	
ぶっちゃけ	까놓고 말해서 カノコ マレソ	솔까말は新造語。솔직히 까놓고 말해서（正直言うとぶっちゃけ）の略語。솔까も同様に使われる。
	막말로 マンマルロ	
面倒くさい	귀찮아 クィチャナ	（原）귀찮다
泣きやめ！	뚝！ トゥク	ぷっつり、ぴたり、の意味。
オワッタ	망했어 マンヘッソ	（原）망하다 **●ドラマ『花遊記』より** 主人公のオゴンがヒロインのソンミに言う。「어차피 이번 생은 일반적인 인간들의 기준으로 봐서 망한 듯한데」（どうせ今回の人生は一般的な人間の基準から見てオワッてるだろ」
死にそう	죽겠어 チュッケッソ	おなかがすいてたまらない：배고파 죽겠어　寒くてたまらない：추워 죽겠어

⑤接続詞

会話をうまくつなげるには接続詞は必須。接続詞を疑問形にすることで、相手の次の言葉を引き出すこともできます。

そして	그리고 クリゴ	だけど	하지만 ハジマン
それで	그래서 クレソ	よって	따라서 タラソ
すると	그러자 クロジャ	例えば	예를 들면 イェルル ドゥルミョン
だから	그러니까 クロニカ	なぜなら	왜냐하면 ウェニャハミョン
ところで	그런데 クロンデ	そのうえ	게다가 ケダガ
	그나저나 クナジョナ	または	또는 トヌン
しかし	그러나 クロナ	あるいは	혹은 ホグン
しかしながら	그렇지만 クロチマン	そこでなんですが	그래서 그런데 クレソ クロンデ

日本語と発音が似ている単語

耳を澄ますと実は日本語と発音がそっくりな単語が多いのは、同じ漢字圏だからこそ。ラクに語彙量を増やせて得した気分！

約束	약속 ヤクソク	温度	온도 オンド
記憶	기억 キオク	家族	가족 カジョク
無視	무시 ムシ	家具	가구 カグ
無理	무리 ムリ	準備	준비 チュンビ
無料	무료 ムリョー	都市	도시 トシ
有料	유료 ユーリョー	治療	치료 チリョー
有利	유리 ユーリ	孤独	고독 コドク
意味	의미 ウィーミ	高速	고속 コソク
地理	지리 チリ	速度	속도 ソクト
料理	요리 ヨリ	高価	고가 コッカ
簡単	간단 カンダン	カバン	가방 カバン

余裕	여유 ヨユ	分野	분야 ブニャ
瞬間	순간 スンガン	視野	시야 シヤ
図書館	도서관 トソグァン	道路	도로 ドロ
釜	가마 カマ	留学	유학 ユハㇰ
世紀	세기 セギ	セミ	매미 メーミ

すくすく	쑥쑥 スㇰスㇰ	成長する様子。 すくすく育つ：쑥쑥 크다
パクパク	팍팍 パㇰパㇰ	パクパク食べなさいよ：팍팍 좀먹어
ちょろちょろ	졸졸 チョㇽジョㇽ	小川など少量の水が流れる様子。 小川がちょろちょろ流れている：시냇물이 졸졸 흐르고 있다
パンパン	팡팡 パンパン	風船や爆弾が突然連続して破裂する音。
かさかさ	까칠까칠 カチㇽカチㇽ	肌や表面の状態。
さくさく	사각사각 サガㇰサガㇰ	白菜を刻む、リンゴを食べる様子。
ケラケラ	깔깔 カㇽカㇽ	笑う。

⑥擬態・擬音語

バラエティー番組のテロップやウェブ漫画などでよく使われるものをピックアップ。ひとまずこれだけ知っておけばOK！

ぺこっ、ぺこり	꾸벅 クボㇰ	ねばねば	끈적끈적 クンジョㇰ クンジョㇰ
きゃあっ	캬 キャッ	のろのろ	느릿느릿 ヌリッ ヌリッ
するする	스르르 スルル	ふらふら	비틀비틀 ピトゥル ビトゥル
キョロキョロ	두리번두리번 トゥリボン トゥリボン	チリリン	따르릉 따르릉 タルルン タルルン
キラキラ	반짝반짝 パンチャㇰ パンチャㇰ	もじもじ	머뭇머뭇 モムッ モムッ
ぽんぽん（肩をたたく）	토닥토닥 トダㇰ トダㇰ	ニコニコ	싱글벙글 シングルボングル
くすくす	낄낄 キルキル	にやにや	히죽히죽 ヒジュㇰ ヒジュㇰ
そよそよ	살랑살랑 サルラン サルラン	ちらちら	힐끗힐끗 ヒルクッ ヒルクッ

Lesson 3

\ 感情・感覚を / 表す単語

会話の一歩を踏み出すための感情や感覚を表す単語を積極的に使ってみましょう！

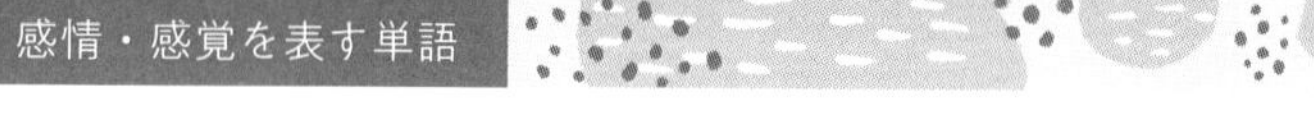

①楽しむ

楽しいとき、面白いとき、笑えるとき。いい気分になったら、その思いを積極的に相手に伝えてみよう。

楽しみにしてるよ	기대할게 キデハルケ	（原）기대하다　기대：期待　期待してるよ、という意味でも使える。 楽しみです：기대돼요 「～ㄹ/을게요」は自分の意志、約束を示す。
楽しかった	즐거웠어 チュルゴウォッソ	（原）즐겁다
面白い	재미있어 チェミッソ	（原）재미있다　（略）재밌다（チェミイッタ） 面白くない：재미없어（チェミオプソ）
うれしい	기뻐 キッポ	（原）기쁘다
気分がいい	기분이 좋아 キブニ チョア	（原）기분이 좋다
幸せです	행복합니다 ヘンボッカムニダ	（原）행복하다
わくわくする	신나 シンナ	（原）신나다
ウケた	웃겼어 ウッキョッソ	（原）웃기다 ウケる（現在形）：웃겨
爆笑した	빵 터졌어 パン トジョッソ	（原）빵 터지다
マジ草	개웃기다 ケーウッキダ	

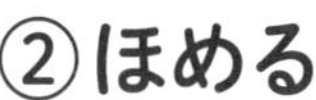

②ほめる

人間関係を円滑にするのには、ほめ言葉がいちばん！　なにより、推しへの気持ちを伝えたいときには出番です。

すごい	대단해 テーダネ	（原）대단하다　最も一般的なほめ言葉
ハンパない	장난 아냐 チャンナン アニャ	（原）장난이 아니다 （直）冗談じゃない 「マジすごい」というニュアンス。日本語の責め口調の「冗談じゃない」とは意味が違うので注意。
ヤバい（すごい）	끝내줘 クンネジュォ	（原）끝내주다 （直）終わらせる
よくやったよ	잘했어 チャレッソ	（原）잘하다 今日は本当によくやった：너 오늘 진짜 잘했어
最高です	최고예요 チェーゴエヨ	（原）최고이다
立派です	훌륭해요 フルリュンヘヨ	（原）훌륭하다
完璧です	완벽합니다 ワンビョカムニダ	（原）완벽하다 **●映画『完璧な他人』より** 美容外科医のソクホが妻に言う。「세상에는 완벽한 사람들이 없어요」（世の中に完璧な人はいないんだ）
ずば抜けてます	뛰어납니다 ティオナムニダ	（原）뛰어나다
よかったね	잘됐다 チャルデッタ	物事がうまくいった人、いいことがあった人に対して使う。

③悲しむ・ネガティブになる

日本語では説明しづらい悲しみの言葉がたくさんある。映画やドラマで使われているセリフでぜひ確かめてみて。

悲しみ	슬픔 スルプム	形容詞「슬프다」の名詞形。
悲しいよ	슬퍼 スルポ	（原）슬프다 （丁）슬퍼요
寂しい	외로워 ウェロウォ	（原）외롭다　最も一般的な「寂しい」。孤独を感じるとき。 寂しいです：외롭습니다
涙が出る、目がうるうる	안습 アンスプ	残念でかわいそうで涙が出る。感動的、面白くて涙が出るときにも使われる。 （原）안구에 습기가 차다：眼球に湿気が満ちる （類）めちゃくちゃ안습：캐안습 眼球に暴風雨：안폭＝안구에 폭풍우 眼球に津波：안쓰＝안구에 쓰나미 眼球に洪水：안구에 홍수
泣かないで	울지 마 ウルジマ	**●ドラマ『太陽を抱く月』より** ヒロインのウォルが過去を思い出して言う言葉。「그 소녀는 이제 다시는 울지 않을 것입니다」（あの少女は二度と泣かないでしょう）
悲惨です	비참해요 ピチャメヨ	（原）비참하다
残酷ですね	참혹하네요 チャモカネヨ	（原）참혹하다　残酷な事件：참혹한 사건（チャモカン サッコン）
むごい	끔찍해 クムチケ	（原）끔찍하다

憂うつだ	**우울해** ウウレ	(原) 우울하다　憂うつ症：우울증(ウウルチュン)
つらいよ	**힘들어** ヒムドゥロ	(原) 힘들다 **●ドラマ『コーヒープリンス1号店』より** 主人公のハンギョルが男装したウンチャンに告白する。「정리라는 거 해보려고 했는데 힘들어서 못 해먹겠으니까 가보자, 갈 때까지」(心の整理をしようとしたけど、つらくて無理だから、行き着くところまで行くよ)
人生終わった	**인생 쫑났어** インセン チョンナッソ	(原) 쫑나다
罪悪感	**죄책감** チェーチェッカム	**●ドラマ『太陽を抱く月』より** 大妃の甥・デヒョンが娘のボギョンに言う。「궐에서 살고 싶다 하였느냐? 세자의 마음을 얻고 싶다고 했느냐? 하면! 어설픈 연민이나 죄책감 따위는 버려라!」(宮殿で暮らしたいと言ったか？　世子の気持ちを得たいと言ったか？　ならば！　生半可な憐憫や罪悪感などは捨てろ！)
衝撃	**충격** チュンギョㇰ	ショック：쇼크
むなしいね	**허전하네** ホジョナネ	(原) 허전하다
もの寂しいです	**쓸쓸합니다** スルスラムニダ	(原) 쓸쓸하다　哀愁を感じるとき。秋に似合う単語。
名残惜しい	**아쉬워** アシュィウォ	(原) 아쉽다「惜しい、残念」という意味も。

気の毒です	안타깝네요 アンタカムネヨ	(原) 안타깝다
残念です	섭섭해요 ソプソペヨ	(原) 섭섭하다　困っている友達が自分に相談してくれなかったときなど。
恨めしいです	서운해요 ソウネヨ	섭섭하다よりも残念な気持ちが強い。 (原) 서운하다 **●ドラマ『コーヒープリンス1号店』より** 主人公のハンギョルがヒロインのウンチャンに言う。「우린 다 말하자. 그냥 모든 거 다. 사랑하는 거, 서운한 거, 보고 싶은 거, 화나는 거, 미운 거 모두」(何でも話そうよ。何もかも。愛してること、悲しいこと、会いたいこと、腹が立つこと、憎らしいこととか全部)
裏切った	배신했어 ペーシネッソ	(原) 배신하다　裏切りを感じる：배신감을 느끼다　裏切られた：배신 당했어
苦しいよ	괴로워 クェロウォ	(原) 괴롭다
苦痛だよ	고통스러워 コトンスロウォ	(原) 고통스럽다 **●ドラマ『花遊記』より** 守護者が、自分を死なせてほしいとヒロインのソンミに頼む。「그가 없이 혼자 이 긴 삶을 살아 내는 것이 너무 고통스럽습니다」(長い人生をひとりで生き抜くのはつらすぎます)
胸が痛いです	가슴이 아파요 カスミ アパヨ	(原) 가슴이 아프다

傷ついた	**상처 받았어** サンチョ パダッソ	(原) 상처 받다　傷つけてごめん：상처 줘서 미안해（サンチョ ジュォソ ミアネ） **●映画『エクストリーム・ジョブ』より** 麻薬捜査班のマ刑事は、自分の容姿を卑下する麻薬組織員に言う。「내가 너보다 못생겼다고… 그게 얼마나 상처 받는지 알아?」（俺がお前よりブサイクって……それがどんだけ傷つくかわかるか？）
がっかりだよ	**실망이야** シルマニヤ	(漢) 失望　すごくがっかりした：실망이 크다（シルマニ クダ）
気落ちした	**맥 빠졌어** メク パジョッソ	(原) 맥 빠지다
落ち込んじゃう	**속상하네** ソクサンハネ	(原) 속상하다
退屈だよ	**심심해** シムシメ	(原) 심심하다　することがなくて退屈だ：할 일이 없어서 심심해
飽きた	**질렸어** チルリョッソ	(原) 질리다　同じものを食べすぎて飽きたよ：같은 음식 계속 먹으니까 질렸어
つまらない	**지루해** チルヘ	(原) 지루하다　この映画はつまらない：이 영화 지루해
面白くない	**재미 없어** チェミ オプソ	(原) 재미 없다　面白くない小説だな：재미 없는 소설이네
嫌になる	**싫증났어** シルチュンナッソ	(原) 싫증나다　彼女が嫌になった：그 여자한테 싫증났어
悩みがあるの	**고민이 있어** コミニ イッソ	(原) 고민이 있다

いじけないで	주눅 들지 말고 チュヌク トゥルジ マルゴ	
同情しないで	동정하지 마 トンジョンハジ マ	(原) 동정하다
ビビった	쫄았어 チョラッソ	(原) 쫄다 **●ドラマ『花遊記』より** ヒロインのソンミが主人公のオゴンに言う。「쫄았구나? 내가 이름 부를까 봐」(ビビったのね。私が名前を呼ぶかと思って)
断念しました	단념했어요 タンニョメッソヨ	(原) 단념하다
諦めてください	포기해요 ポーギヘヨ	(原) 포기하다
かわいそう	불쌍해 プルサンヘ	(原) 불쌍하다
誤解されないで	오해받지 마 オヘ バッチマ	人々に誤解されるな、と言いたいとき。 誤解するな：오해하지 마 **●ドラマ『キム秘書はいったい、なぜ？』より** 秘書のミソは主人公のヨンジュンに言う。「그런 오해받기 전에 그만둬야겠다는 확신이 들었습니다」(そういう誤解をされる前に辞めなくてはと確信しました)
気まずい	어색해 オーセケ	(原) 어색하다
慰めて	위로해 줘 ウィロヘジュォ	(原) 위로해 주다

④怒る・罵る

アタマにきたときはどこにいてもつい母国語を使ってしまうもの。怒りの言葉を韓国語で言えるようになれば一人前!?

怒り	분노 プンノ	(漢) 憤怒
うるさい!	시끄러! シクロ	(原) 시끄럽다
黙れ!	닥쳐! タクチョ	(原) 닥치다　しっ! (黙って): 쉿! (シュィッ)
あきれた	기가 막혀 キガ マキョ	(原) 기가 막히다
ムカついてる	빡쳤어 パクチョッソ	(原) 빡치다　若者言葉だが40代くらいまではよく使う。
ムカつく	짜증 나 チャジュンナ	(原) 짜증 나다
イライラする	짱 나 チャンナ	(原) 짱 나다 「짜증 나다」を略したスラング。
イライラしないで	짜증 내지 마 チャジュン ネジ マ	
そんなイラついたふうに……	그렇게 짜증스럽게…… クロッケ チャジュンスロプケ	(原) 짜증스럽다
短気ですね	성질이 급하네요 ソンジリ クッパネヨ	(原) 성질(이) 급하다 (直) 気質が急だ
せっかちですね	성격이 급하시네요 ソンキョギ クッパシネヨ	(原) 성격(이) 급하다 (直) 性格が急だ 「성격이 급하다」と意味はそれほど変わらない。

怒りっぽい	**다혈질** タヒョルチル	「질（チル）」は濃音（P231参照）
腹が立ちました	**열 받았어요** ヨル パダッソヨ	（原）열(을) 받다
怒らないで	**화내지 마** ファネジ マ	（原）화(를) 내다
怒ってます	**화났어요** ファナッソヨ	（原）화나다 **●ドラマ『雲が描いた月明り』より** ヒロインのラオンが世子・ヨンに言う。「저를 보면 화가 나 견딜 수 없으시겠다면서요」（私を見ると腹が立って我慢できないんでしょう？）ヨン「지금도 그렇다. 너를 보면 화가 나」（いまもだ。お前を見ると腹が立つ）
（私に） 当たらないでよ	**성질 내지 마** ソンジル ネジ マ	（原）성질(을) 내다　かんしゃくを起こす、怒る。 **●ドラマ『花遊記』より** 主人公のオゴンがヒロインのソンミに言う。「근데 왜 안 불러?」（で、何で呼ばないんだ？）ソンミ「도망간 게 누군데, 왜 안 불렀냐고 성질내네?」（逃げたくせに、何で呼ばないのかって怒るわけ？）
悔しいよ	**억울해** オグレ	（原）억울하다
うんざりだ	**지긋지긋해** チグッチグテ	（原）지긋지긋하다
かまうな！	**신경 꺼！** シンギョン コ	（原）신경 끄다

うざいなあ	지겹네 チギョムネ	（原）지겹다 **●ドラマ『キム秘書はいったい、なぜ？』より** 主人公のヨンジュンは副会長付属室のメンバーたちの前で言う。「칭찬……내 인생에 지겹도록 듣는 것들이긴 하지만……」（ほめ言葉……うんざりするほど聞いてきた言葉ですが……）
文句を言われた	한소리 들었어 ハンソリ トゥロッソ	（原）한소리 듣다
機嫌直った?	화 풀렸어? ファ プルリョッソ?	（原）화 풀리다 （直）怒りは収まった？
ぷんぷんするな	성질 부리지 마 ソンジル ブリジ マ	（原）성질 부리다 八つ当たりするな：화풀이하지 마（ファプリ ハジマ）
叱られちゃった	혼났어 ホンナッソ	（原）혼나다 お母さんに叱られたよ：엄마한테 혼났어（オムマハンテ ホンナッソ）
ひどすぎ	너무 심했어 ノム シメッソ	（原）심하다
ケチつけんな	태클 걸지 마 テクル コルジマ	（原）태크를 걸다 （直）タックルをかける。英語のタックルのこと。
文句を言うな	트집 잡지 마 トゥジブ チャプチ マ	（原）트집을 잡다
揚げ足取るなよ	꼬투리 잡지 마 コトゥリ チャプチ マ	（原）꼬투리를 잡다
すねてるの?	삐졌어? ピジョッソ	（原）삐지다 正確には「삐치다（ピチダ）」だが、日常会話では通常「삐지다」を使う。

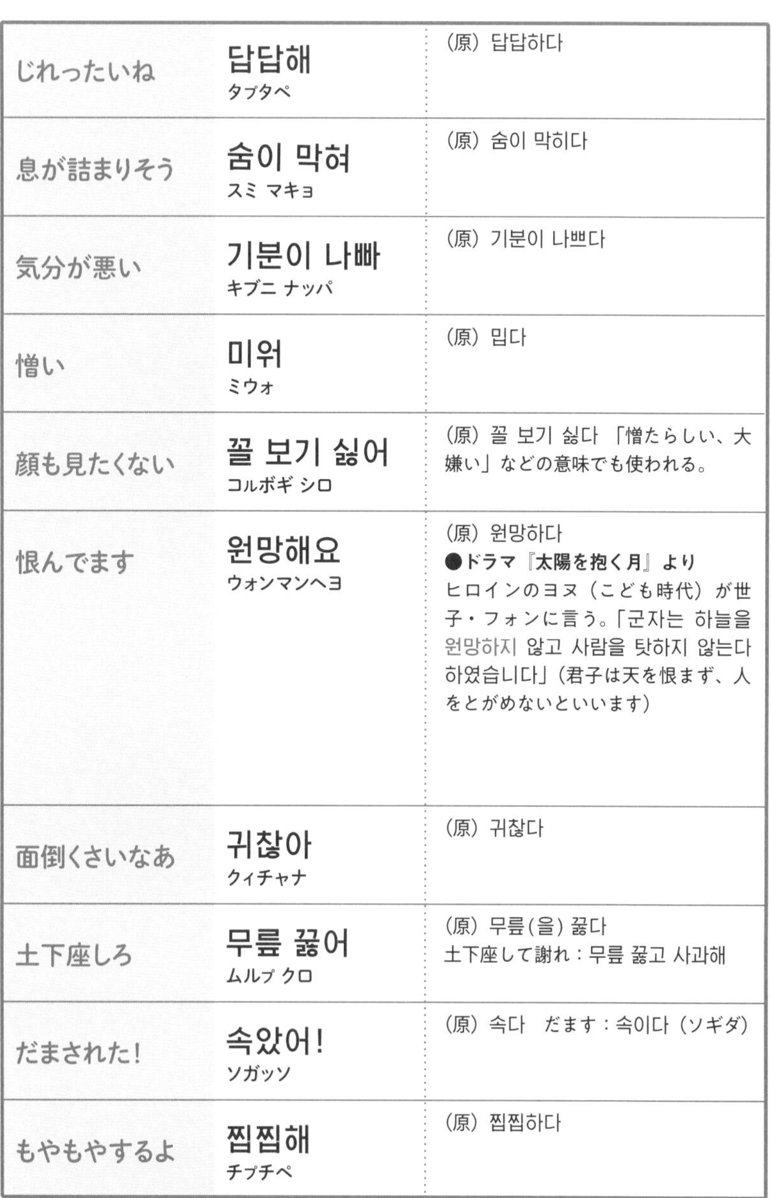

じれったいね	답답해 タプタペ	(原) 답답하다
息が詰まりそう	숨이 막혀 スミ マキョ	(原) 숨이 막히다
気分が悪い	기분이 나빠 キブニ ナッパ	(原) 기분이 나쁘다
憎い	미워 ミウォ	(原) 밉다
顔も見たくない	꼴 보기 싫어 コルボギ シロ	(原) 꼴 보기 싫다 「憎たらしい、大嫌い」などの意味でも使われる。
恨んでます	원망해요 ウォンマンヘヨ	(原) 원망하다 **●ドラマ『太陽を抱く月』より** ヒロインのヨヌ（こども時代）が世子・フォンに言う。「군자는 하늘을 원망하지 않고 사람을 탓하지 않는다 하였습니다」(君子は天を恨まず、人をとがめないといいます)
面倒くさいなあ	귀찮아 クィチャナ	(原) 귀찮다
土下座しろ	무릎 꿇어 ムルプ クロ	(原) 무릎(을) 꿇다 土下座して謝れ：무릎 꿇고 사과해
だまされた!	속았어! ソガッソ	(原) 속다　だます：속이다（ソギダ）
もやもやするよ	찝찝해 チプチペ	(原) 찝찝하다

ののしり言葉	욕 ヨク	ののしる：욕하다　日本の「悪口」とは違い、ののしり侮辱すること。 ひどいののしり言葉：쌍욕　侮辱するな：욕하지 마（ヨカジ マ）
悪口	험담 ホムダム	悪口を言わないで：험담 하지 마（ホムダム ハジ マ）
暴言	막말 マンマル	暴言はやめろ：막말 쓰지 마（マンマル スジ マ）
バカだ	무식해 ムシケ	（原）무식하다（漢）無識　教養のない人、行動が洗練されていない人。 （類）バカ：바보
マヌケ	멍청이 モンチョンイ	**●映画『エクストリーム・ジョブ』より** チキン店の取材を断ったと知って麻薬捜査班のマ刑事が言う。「멍청아. 얼굴은 모자이크 처리해 달라 그럼 되지!」（バカだな。顔はモザイクかけてくれって言えばいいだろ！）
クソ野郎	개새끼 ケーセッキ	（直）犬の子　相当な悪口なので使用は控えよう。発音は日本語の「欠席」に近い。
バカ野郎	호구새끼 ホグセッキ	「호구」とは他人にだまされやすい「カモ」のこと。
チクショウ	씨발 シーバル	数字の「18」は「십팔（シッパル）」で発音が似ているので、ＳＮＳ上では「18」と数字で表現することもある。
笑わせるな	웃기지 마 ウッキジ マ	
生意気だ	싸가지가 없어 サガジガ オプソ	（原）싸가지가 없다　（類）띠껍다

生意気なヤツ	건방진 새끼 コンバンジン セッキ	(原) 건방지다　生意気だ：건방져
ムカつく	재수 없어 チェス オプソ	(原) 재수 없다 **●映画『完璧な他人』より** 女性が言うところの美人の基準を聞かれて、美容外科医のソクホが言う。「여자들이 일단 '개 재수 없어!' 그럼, 이쁜 거야」(女が「ムカつく」って言ったら、その女がキレイってことさ)
イカれてる	미쳤어! ミチョッソ	(原) 미치다
	또라이 トライ	英語「try」のイントネーションではなく「ト」が高め「ライ」が低め。
いじめるな	괴롭히지 마 クェロピジ マ	**●映画『タクシー運転手』より** マンソプの家主のドンスが自分の息子に言う。「친구 좀 그만 괴롭히라」(友達をいじめるのはやめなさい)
何見てんだよ?	뭘 봐? ムォル ボァ	けんかを売るとき、からむときに使う。
にらむんじゃねえよ	째려보지 마 チェリョボジ マ	(原) 째려보다
ほざくな	함부로 지껄이지 마 ハムブロ チッコリジ マ	(原) 지껄이다　しゃべる、へらず口をたたく。
こいつめ!	이 새끼가! イ セッキガ!	

ケンカするな	**싸우지 마** サウジ マ	(原) 싸우다 **●ドラマ『キム秘書はいったい、なぜ?』より** 主人公ヨンジュンの友達ユシクが言う。「싸움 너무 길게 끌지 마라. 이별한다, 나처럼」(ケンカを長引かせるな。別れるぞ、俺みたいに) →「싸움」は싸우다の名詞形。
一騎打ち	**맞짱** マッチャン	サシで戦う : 맞짱 뜨다
めちゃくちゃな状況	**개판 5분전** ケーパン オーブンジョン	何なの、この部屋は！　めちゃくちゃだわ！ : 방이 이게 뭐야! 개판 5분전이잖아! (パンイ イゲ ムォヤ！ケーパン オーブンジョニジャナ)
笑わせやがって	**웃기고 있네** ウッキゴ インネ	(原) 웃기다
死にてえか?	**뒈질래?** テウェージルレ	(原) 뒈지다 「뒈지다」は「죽다」(死ぬ) のスラング。「뒤질래」「디질래」なども使われる。「ティージルレ」がいちばん発音しやすいかも。
ヘタレ	**겁쟁이** コプチェンイ	臆病者、腰抜け、弱虫などの意味もある。
意地悪しないで	**심술 부리지 마** シムスル ブリジ マ	
そりゃすごいことで	**너 잘났어** ノ チャルラッソ	(原) 잘나다　皮肉が込められた言葉。

⑤さまざまなマインド

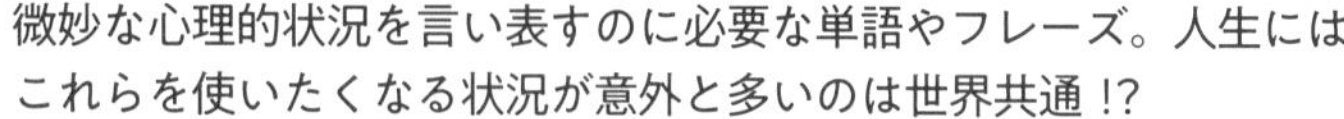

微妙な心理的状況を言い表すのに必要な単語やフレーズ。人生にはこれらを使いたくなる状況が意外と多いのは世界共通 !?

マインド	마인드 マインドゥ	
ガラスのハート	유리멘탈 ユリメンタル	(直) ガラスメンタル
強靭なメンタル	멘탈갑 メンタルカプ	(直) メンタル甲
メンタル崩壊	멘붕 メンブン	멘탈붕괴 (メンタルブングェ) =メンタル崩壊の略語
メンタルが弱い	멘탈이 약해 メンタリ ヤケ	(原) 멘탈이 약하다
ストレス	스트레스 ストゥレス	
不安	불안 プラン	不安だ：불안하다
心配	걱정 コクチョン	心配する：걱정하다　心配になる：걱정되다
感性	감성 カムソン	
洗脳	세뇌 セーノェ	
プライドが高い人	자존심이 센 사람 チャジョンシミ セン サラム	

ガスライティング	가스라이팅 カスライティン	心理的虐待。他人の心理や状況をうまく操って精神をおかしくすること。 ●**ドラマ『サイコだけど大丈夫』**でヒロインを演じたソ・イェジは俳優キム・ジョンヒョンと交際中、心理的操作（ガスライティング）をしていたという疑惑に包まれた。『サイコ～』での演技はまさしく彼女の素であったのだ、と話題に。
信念	신념 シンニョム	
価値	가치 カチ	●**ドラマ『花遊記』より** ヒロインのソンミが主人公のオゴンに言う。「별 가치가 없는 것 같아서 찾다 말았어요」（大した価値がないからそれ以上捜さなかったんです）
精神	정신 チョンシン	しっかりしろ：정신 차려　正気じゃない：제정신이 아니야 ●**映画『エクストリーム・ジョブ』より** 麻薬捜査班のジェホンが誘惑に負けそうなので、マ刑事が引き止める。「정신 안 차려, 새끼야?」（しっかりしろよ、この野郎）
勘	감 カム	直感：직감（チッカム）　予感：예감（イェーガム）
人生	인생 インセン	●**映画『パラサイト』より** 主人公のギテクが息子ギウに聞かれて答える。「인생이란 게 계획을 하면 계획대로 안되거든!」（人生ってのは、計画しても計画どおりにいかんものだ）

目標	목표 モクピョ	目標を達成した：목표를 달성했어 今年の目標を立てたよ：올해 목표를 세웠어
考え	생각 センガク	（動）생각하다　あんたの考えは間違ってるよ：네 생각은 틀렸어
本気	진심 チンシム	偽りのない心、真心 **●ドラマ『雲が描いた月明り』より** ヒロインのラオンに世子・ヨンは言う。「내게 보여준 모든 것들이 진심이었느냐」（私に見せてくれたものはすべて偽りのない心だったのか）
後悔	후회 フフェ	後悔している：후회하고 있어 （類）뉘우치다：悔やむ（反省の気持ちがより込められている）
納得しました	납득했어요 ナプトゥケッソヨ	
信じてます	믿고 있어요 ミッコ イッソヨ	（原）믿다 **●映画『パラサイト』より** お金持ちのパク社長の妻ヨンギョが言う。「믿는 사람의 소개, 소개…… 그게 베스트인 거 같아요」（信頼できる人の紹介の紹介……それがベストだと思います）
自信がある	자신이 있어 チャシニ イッソ	（原）자신이 있다
プレッシャーかけないで	부담 주지 마 プダム ジュジ マ	（原）부담 주다　（直）負担を与えないで
気が重い	부담스러워 プダムスロウォ	（原）부담스럽다　（直）負担

恥ずかしい	부끄러워 プクロウォ	（原）부끄럽다　一般的な「恥ずかしい」。仕事をうまくこなせなかったり良心に恥じるようなことをして、他人とは関係なく自らが感じる感情。
	창피해 チャンピヘ	（原）창피하다　小恥ずかしい、冷や汗をかく　他人の視線に恥ずかしさを感じる。体面を保てないようなことをされて恥ずかしい。
	쑥스러워 スㇰスロウォ	（原）쑥스럽다　てれくさい、気恥ずかしい、（ほめられて）こそばゆい
	민망해 ミンマンヘ	（原）민망하다 「いたたまれない、決まり悪い、心苦しい」というニュアンス。
	쪽팔려 チョㇰパルリョ	（原）쪽팔리다 「부끄럽다」「창피하다」のスラング。
うらやましい	부러워 プロウォ	**●ドラマ『コーヒープリンス１号店』より** カフェのホン社長がバイトのハリムに言う。「부러울 거다. 원래 바람둥이가 제일 부러운 게 오래된 연인이거든」（うらやましいだろうよ。プレイボーイにとっていちばんうらやましいのは、長いつき合いの恋人だから）
懐かしい	그리워 クリウォ	（原）그립다 「恋しい」という意味もある。
もったいない	아까워 アッカウォ	（原）아깝다 時間がもったいない：시간이 너무 아까워

人目が気になる	눈치가 보여 ヌンチガ ボヨ	（原）눈치가 보이다
気づいた	깨달았어 ケダラッソ	（原）깨닫다 「覚（さと）る、自覚する」などの意味もある。
欲しい	탐나 タムナ	（原）탐나다 「欲しくなる、欲望がある」というニュアンス。
	갖고 싶어 カッコ シッポ	「手に入れたい」というニュアンス。
怖いよ	두려워 トゥリョウォ	（原）두렵다　心配・懸念・不安の気持ちを含んだ未来に対する恐怖心。「힘든 나날이 있었다. 때로는 불안하고 두려웠다」（つらい日々があった。時には不安で怖かった）
	무서워 ムソウォ	（原）무섭다　現実的に感じる恐怖心。お化け屋敷など。
諦めろ	포기해 ポギヘ	（原）포기하다 （直）放棄しろ
知りたい	궁금해 クングメ	（原）궁금하다
感動しました	감동했어요 カムドンヘッソヨ	（原）감동하다
気に入りました	마음에 들었어요 マウメ ドゥロッソヨ	（原）마음에 들다
楽だ	편해 ピョネ	（原）편하다

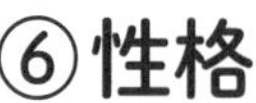

⑥性格

人物像や性格を言葉で説明するのは難しいけれど、表現する単語は意外とたくさんある！

性格	**성격** ソンキョㇰ	
前向き	**긍정적** クンジョンジョㇰ	（直）肯定的　プラス思考：긍정적인 사고
楽天的	**낙천적** ナㇰチョンジョㇰ	楽天的な考え：낙천적인 사고방식 ポジティブ：포지티브
悲観的	**비관적** ピグァンジョㇰ	厭世主義：염세주위　ネガティブ：네거티브
積極的	**적극적** チョックㇰチョㇰ	外交的：외향적
消極的	**소극적** ソグㇰチョㇰ	ひきこもり：히키코모리　韓国語でも日本語の単語を使うが、은둔형 외톨이（隠遁型ひとりぼっち）とも言う。
攻撃的	**공격적** コンギョㇰチョㇰ	
利己的	**이기적** イギジョㇰ	わがままボディ：이기적인 몸매
社交的	**사교적** サギョジョㇰ	社交ダンス：사교댄스　社交性：사교성
真面目です	**성실해요** ソンシレヨ	（漢）誠実　（原）성실하다
勤勉です	**부지런해요** プジロネヨ	（原）부지런하다

怠惰です	게을러요 ケウルロヨ	(原) 게으르다　怠け者：게으른 사람
正直だよ	솔직해 ソルチケ	(漢) 率直　(原) 솔직하다
冷たいです	차가워요 チャガウォヨ	(原) 차갑다　冷たい男：차가운 남자
明るいです	밝아요 パルガヨ	(原) 밝다 (パクタ)
活発です	활발해요 ファルバレヨ	(原) 활발하다
もの静かです	차분해요 チャブネヨ	(原) 차분하다
上品な人	점잖은 사람 チョムジャヌン サラム	(原) 점잖다
下品な人	상스러운 사람 サンスロウン サラム	(原) 상스럽다
優雅です	우아해요 ウアヘヨ	(原) 우아하다
おとなしい	얌전해 ヤムジョネ	(原) 얌전하다
高慢だ	오만해 オーマネ	(原) 오만하다
人見知りします	낯 가려요 ナッ カリョヨ	(原) 낯(을) 가리다

ませている	**까졌어** カジョッソ	(原) 까지다　世間ずれしている。「발랑 까졌어」と使われることが多い。「(皮が) むける」の意味もある。
ねんね	**철부지** チョルブジ	世間知らず。
無邪気な人	**해맑은 사람** ヘマルグン サラム	(原) 해맑다 (ヘマクタ)
愛嬌があります	**애교가 많아요** エーギョガ マナヨ	
ソシオパス	**소시오패스** ソシオペス	社会病質者。欲しいものを手に入れるためなら罪悪感をもたずにどんなこともできる人のこと。 ●**ドラマ『梨泰院クラス』**のイソはソシオパス。
サイコパス	**사이코패스** サイコペス	精神病質者。
ツンデレ	**츤데레** チュンデレ	日本語の「ツンデレ」が由来。
性格がひねくれてます	**성격이 꼬여 있어요** ソンキョギ コヨ イッソヨ	私って性格ひねくれてて……: 제가 성격이 좀 꼬여 있어서......
性格がいい	**성격이 좋아** ソンキョギ チョア	(原) 성격이 좋다
性格が悪い	**성격이 나빠** ソンキョギ ナッパ	(原) 성격이 나쁘다
無愛想です	**무뚝뚝해요** ムットゥクトゥケヨ	(原) 무뚝뚝하다 慶尚道出身の男性を表す代表的な形容詞。

意地悪だな	짓궂어 チックジョ	（原）짓궂다 **●ドラマ『キム秘書はいったい、なぜ？』より** 主人公ヨンジュンに友達のユシクが言う。「야! 너 짓궂어. 너 지금 되게 많이 짓궂어, 너」（おい、意地悪だな。お前、いますげえ意地悪だぞ）
気立てがいい	착해 チャケ	（原）착하다　いい人、お利口さん、善良のようなニュアンス。男女ともに使え、ものにも使える。例えば、善良な価格：착한 가격、善良な企業：착한 기업。とりあえずほめておくときは「착한 사람」（チャッカン サラム）と言っておくと便利。 **●映画『パラサイト』より** 主人公のギテクが妻・チュンスクに言う。「사모님이 참 순진해, 착하고. 아, 부자인데 착하다니까」（奥様はすごく純粋なんだ、気立てがいいし。金持ちなのに優しいんだよ）
優しい	상냥해 サンニャンヘ	（原）상냥하다　主に女性に使う。
温かい人	다정한 사람 タジョンハン サラム	（原）다정하다
気さくで優しい性格	살가운 성격 サルガウン ソンキョク	（原）살갑다
マメだよね	자상하네 チャサンハネ	（原）자상하다　優しくて気遣いのある男性のこと。SNSメッセージを頻繁に送ってくる男性は자상한 남친（マメな彼氏）と言われる。いい意味で。

親切ですね	친절하시네요 チンジョラシネヨ	(原) 친절하다　日本語の「親切」の意味に近い。
心が きれいですね	마음씨가 고와요 マウムシガ コワヨ	(原) 마음씨가 곱다
純粋よ	순진해 スンジネ	(原) 순진하다 **●映画『完璧な他人』より** 精神科医のイェジンは主婦のスヒョンに言い訳する。「그랬더니 저렇게……하……순진한 건지, 멍청한 건지……」(なのに、あんなふうに……ったく……純粋なのかバカなのか)
太っ腹ですね	손이 크시네요 ソニ クシネヨ	(原) 손이 크다　(直) 手が大きい
ナルシシスト	자뻑 チャッポㇰ	나르시시스트 (ナルシシスト) **●ドラマ『キム秘書はいったい、なぜ?』** の主人公・ヨンジュンは자뻑キャラ。
遊び人	날라리 ナルラリ	
ずうずうしい	뻔뻔해 ポンポネ	(原) 뻔뻔하다
気難しいね	까다롭네 カダロㇺネ	(原) 까다롭다
しつこい人ね	집요한 사람이네 チビョハン サラミネ	(原) 집요하다　(漢) 執拗
	끈질긴 사람이네 クンジルギン サラミネ	(原) 끈질기다　しぶといというニュアンス。

⑦感覚

においに関する言葉が多いのは、韓国人がにおいに敏感だからだろうか。表現が日本語と似ているのも興味深い。

感覚	감각 カムガㇰ	刺激：자극 五感＝視覚：시각、聴覚：청각、味覚：미각、嗅覚：후각、触覚：촉각
におい	냄새 ネムセ	
いいにおい	좋은 냄새 チョウン ネムセ	
香り	향기 ヒャンギ	いい香りがする：좋은 향기가 나다（チョウン ヒャンギガ ナダ）
くさい	냄새 나 ネムセ ナ	（原）냄새 나다 （直）においがする 口臭がひどい：입 냄새가 심하다（イㇺ ネムセガ シマダ）
	구린내가 나 クリンネガ ナ	（原）구린내가 나다 （直）悪臭がする
何かにおう	뭔가 냄새가 나 ムォンガ ネムセガ ナ	日本語と同じで比喩的にも使える。
変だな	이상해 イサンヘ	（原）이상하다 （類）妙だな：묘하네
おかしいですね	희한하네요 フィハナネヨ	珍しいものですね：희한하게 생겼어요（フィハナゲ センギョッソヨ）
不思議ですね	신기하네요 シンギハネヨ	（漢）神奇
音	소리 ソリ	雨音：빗소리（ピッソリ） 「소리」には声の意味もある。声は「목소리（モㇰソリ）」ともいう。

Lesson 4

\ SNSの /
基本＆最新用語

ＳＮＳでよく使われる言葉、はやっている言い回しを使いこなして、会えない人との交流も広げてみましょう！

①パソコン

現地で困ったとき、ネットで韓国のサイトにアクセスしたいとき……いまや欠かせない基本のパソコン用語。

パソコン	컴퓨터 コムピュトー	デスクトップ：데스크톱（デスクトプ） ノートパソコン：노트북（ノートゥブク）
キーボード	키보드 キーボードゥ	モニター：모니터
マウス	마우스 マウス	マウスパッド：마우스패드　クリック：클릭　カーソル：커서
起動	시동 シードン	再起動する：재부팅하다 一度消してつけなおしてみて：껐다가 다시 켜봐
ワード	워드 ウォードゥ	エクセル：엑셀　ハングルファイル：한글파일（韓国独自の文書ファイル。拡張子は.hwp）
文字化け	글자 깨짐 クルチャッケジム	文字化けしてる：글자 깨졌어
Wi-Fi	와이파이 ワイパイ	ネット使えますか？：와이파이 돼요?
アップデート	업데이트 オプテイトゥ	サーバー：서버　エラー：오류　更新：갱신
パソコンが落ちた	다운됐어 タウンデッソ	ファイルが開かない：파일이 안 열려
ダウンロードした	다운 받았어 タウン パダッソ	ダウンロードしてください：다운로드해주세요
プリンター	프린터 プリントー	プリント（出力）して：출력해 줘

② SNS

韓国ではSNSを利用していない人はいない!? といえるほど、老若男女に浸透している。もはや日常用語！

Eメール	이메일 イーメイル	パスワード	패스워드 ペスウォードゥ
メールアドレス	메일 어드레스 メイル オドゥレス	暗証番号	비번 ピボン
ブログ	블로그 プルログ	いいね	좋아요 チョアヨ
（ネット上に）投稿	포스팅 ポスティン	コメント	댓글 テックル
レビュー	후기 フギ	投稿物	게시물 ケーシムル
口コミ	입소문 イプソムン	フォロー	팔로우 パルロウ
書き込み	게시글 ケーシクル	フォロワー	팔로워 パルロウォ
スレッド	스레드 スレッドゥ	フォロー中	팔로잉 パルロイン
スレ主	글쓴이 クルスニ	相互フォロー	맞팔 マッパル
コンテンツ	컨텐츠 コンテンチュ	シェア	공유 コンユ
カテゴリー	카테고리 カテゴリー	メンション	멘션 メンション

保存	저장 チョージャン	
リプライ	답장 タプチャン	「返信」の意味でも使える。 **●映画『完璧な他人』より** 教師でバツイチのヨンベが言う。「나는 카톡 읽고 답장 안 하는 사람들 보면 이해가 안가」（俺はカカオトークを読んで返信しない人が理解できない）
再生回数	조회수 チョフェス	（漢）照会数
ライブ配信	라방 ラバン	라이브 방송（ライブ バンソン）の略。
タグづけ	친구태그 チングテグ	
ハッシュタグ	해시태그 ヘッシテグ	
インスタ映え	인스타감성 インスタ ガムソン	（直）インスタ感性　（類）인스타각 インスタ映えするカフェ：인스타감성 카페　このマカロン、めちゃくちゃ映えるわぁ：이 마카롱, 완전 인스타각이네～（イ マカロン、ワンジョン インスタガギネ～）　インスタ映えスポット：인스타감성 장소　インスタ映えスイーツ：인스타감성 디저트
バエたわ	갬성 지리네 ケムソン ジリネ	갬성＝個人の感性　지리다＝すごい、ヤバい、という若者言葉。
自分史上最高の一枚	인생사진 インセン サジン	（直）人生写真

プロフィール写真	**프사** プサ	프로필사진の略。SNSのプロフ写真を指す。自撮り写真：셀카사진　風景写真：풍경사진
証拠写真	**인증샷** インジュンシャッ	（直）認証ショット **●映画『エクストリーム・ジョブ』より** 売れないように値段をつり上げたチキンが大当たり。麻薬捜査班のジェホンが報告する。「럭셔리 치킨으로 소문나서 인증샷, 허세샷 찍으러 옵니다」（ラグジュアリーチキンだと噂が立って、証拠写真や見せつけるための写真を撮りに来てます）
画像、写真	**짤** チャル	짤방（チャルパン）の短縮形。짤방=짤림방지（削除防止）。写真付きでしか投稿できない掲示板で、削除されないように写真を付ける、というのが最初の意味だった。いまは画像の通称になっている。 エッチな写真：야짤（야한 짤）　嫌悪感を与える写真：혐짤（혐오스러운 짤）
GIF動画	**움짤** ウムチャル	움직이는 짤（動く写真）=GIF
拾い画	**짤줍** チャルジュプ	짤を拾う（줍다）こと
イケてる場所	**핫플** ハップル	핫플레이스（ハップルレイス）の略。
ユーチューバー	**유튜버** ユーテューボー	ユーチューブ：유튜브（ユーテューブ）
購読	**구독** クドㇰ	購読を押してください：구독 눌러주세요（クドン ヌルロジュセヨ）

アットマーク	골뱅이 コルベンイ	アスタリスク：별표（星印） シャープ：우물정자（井戸の井の字）
つながりたい	소통하고 싶다 ソトンハゴ シプタ	韓国が好きな人とつながりたい：한국을 좋아하는 사람과 소통하고 싶다（ハンググル チョアハヌン サラムグァ ソトンハゴ シプタ）
仲良くなりたい	친해지고 싶다 チネジゴ シプタ	スイーツが好きな人と仲良くなりたい：디저트를 좋아하는 사람과 친해지고 싶다（ティジャートゥルル チョアハヌン サラムグァ チネジゴ シプタ）
ホームページ	홈페이지 ホムペイジ	（略）홈피（ホムピ）
オンライン	온라인 オルライン	（反）오프라인（オプライン）
既読スルー	읽씹 イルシプ	読んで無視：읽고 씹기（イルコ シプキ）の略。 既読スルーされた：난 읽씹 당했어（ナン イルシプ タンヘッソ）
スルーされた	씹혔어 シッピョッソ	スルーした：씹었어（シボッソ） スルーしないで：씹지 마（シプチ マ）
SMS（ショートメッセージ）	문자 ムンチャ	正式には문자메시지（ムンチャ メシジ）。 住所をSMSで送って：주소를 문자로 보내줘（チューソルル ムンチャロ ポネジュォ）

ブロック	**차단** チャダン	（漢）遮断
着信拒否	**수신거부** スシンコブ	**●映画『完璧な他人』より** ボイスフィッシングがくるという話を夫から聞いた精神科医のイェジンが言う。「수신거부 해 버려」（着信拒否して）
自撮り	**셀카** セルカ	目撮り棒：셀카봉　ジンバル：짐벌
写真修正	**뽀샵** ポシャプ	포토샵（ポトシャプ）＝フォトショップの略。
Instagram	**인스타그램** インスタグレム	インスタ：인스타 インスタ友達：인친＝인스타그램 친구
Twitter	**트위터** トゥィトー	ツイート：트윗　アカウント：계정 DM：쪽지 ツイ友：트친＝트위터 친구
Facebook	**페이스북** ペイスブク	（略）페북（ペブク） FB友達：페친＝페이스북 친구
LINE	**라인** ライン	
KakaoTalk （カカオトーク）	**카카오톡** カカオトク	あとでカカオトークしよう：이따가 톡하자（イッタガ トカジャ） カカオ友達：카톡 친구

③ SNSの略語

そもそも記号ぽいのに、省略されてもはや記号でしかない……だからこそ、これを使えば超カンタンに返信できる！

こんちは	안냐셈 アンニャセム	안녕하세요（アンニョンハセヨ）の略。
はじめまして	만반잘부 マンバンチャルブ	「만나서 반가워. 잘 부탁해（会えてうれしいよ。よろしくな）」の略。SNSで使われる若者言葉。
じゃあね	20000 イーマン	이만（イーマン） 「じゃあね」と同音語。
おやすみ	굿밤 クッバム	good＋晩。SNSでよく使われる若者言葉。
行くぞ	가즈아 カジュア	가자（カジャ）から派生。意気込みを表すときによく使われる。
イチ押し	강추 カンチュ	（漢）強推　강력（カンニョㇰ＝強力）＋추천（チュチョン＝推薦）「強力推薦」の略。
イケメン	걸조 コルジョ	（歩く彫刻のように）ハンサムな男性：걸어 다니는 조각상
美女	걸바 コルバ	（歩くバービー人形のように）きれいな女性：걸어 다니는 바비 인형

※音声データナシ

ハイ	ㅎㅇ	하이（ハーイ）の母音を省略。
くくっ（笑）	ㅋㅋ	크크（クク）の母音を省略。 （類）ㅎㅎ（フフ）「흐흐흐」の母音を省略。

ぴえん	ㅜㅜ	(類) ㅠㅠ (う゛う゛)
オーケー	ㅇㅋ	오케이 (オーケイ) の略。
ノーノー	ㄴㄴ	노노 (ノーノー) の母音を省略。
うんうん	ㅇㅇ	응응 (ウンウン) の母音を省略。
同意	ㅇㅈ	認定：인정 (インジョン) の母音を省略。
まったくぅ……	ㅇㄴ	아 놔 (ア ノォア) の母音を省略。
ぶるぶる	ㄷㄷ	덜덜 (トルドル) の母音を省略。
がくぶる	ㅎㄷㄷ	후덜덜 (フドルドル) の母音を省略。
おめでとう	ㅊㅋ	축하합니다 (チュッカハムニダ) の略。(類) 추카 「ㅅㅇㅊㅋ」(誕生日おめでとう：생일축하)
ありがとう	ㄱㅅ	감사 (カムサ) の母音を省略。
ごめん	ㅈㅅ	죄송 (チェーソン) の母音を省略。
お疲れ	ㅅㄱ	수고 (スゴ) の母音を省略。

ヤダ	ㅅㄹ	싫어（シロ）の母音を省略。
チッチッ	ㅉㅉ	쯧쯧（チュッチュッ＝舌打ちの音）の母音を省略。
最高レベル	ㅆㅅㅌㅊ	씹상타치（シプサンタチ）の母音を省略。
好きだよ	ㅅㄹㅎ	사랑해（サランへ）の母音を省略。
会いたい	ㅂㄱㅅㅍ	보고 싶어（ポゴ シッポ）の母音を省略。
論破	ㅂㅂㅂㄱ	반박불가（パンバクプルガ）の母音を省略。（直）反論不可＝反論できない
めちゃおもれえ	ㄱㄲㅈ	개꿀잼（ケックルチェム）の母音を省略。
ゴーゴー	ㄱㄱ	고고（ゴーゴー）の母音を省略。
マジ？	ㄹㅇ	英語「real」：레알（レアル）の母音を省略。레알を短縮した렬루（リョルル）もある。
マジか	ㅎㄹ	헐（ホル）の略。
恋人できない	ASKY	ㅇㅅㄱㅇとも書く。（애인이）안 생겨요
バイバイ	ㅃㅃ	빠이빠이 （類）ㅂㅂ（바이바이 バイバイ） ㅂㅇ（바이 バイ） ㅂ2（바이2）

④新語・流行語

この数年に登場し、よく使われている新語や流行語を紹介。年配の方には通じない可能性も……。

スタバ圏内	스세권 スセックォン	家の生活圏にスターバックスがあること。「駅近」を意味する語、駅勢圏：역세권（ヨクセクォン）から派生。
スリッパ圏内	슬세권 スルセックォン	スリッパを履いてラフな格好で施設を利用できる範囲。
カフェ勉する人たち	카공족 カゴンジョク	カフェで勉強する人たち：카페에서 공부하는 사람들（족：族）の略。
エモい	갬성 돋아 ケムソン トダ	（原）갬성 돋다 「갬성」は個人の感性：개인의 감성の略。
陽キャ	인싸 インサ	英語「insider」の略。인싸の中でも中心的な人は핵인싸(ヘギンサ)という。陽キャたちが使うホットな商品：인싸템（インサテム） 陽キャに要求される能力：인싸력（インサリョク）社交的な能力。
隠キャ	아싸 アッサ	英語「outsider」の略。
ゴーイングマイウェイ	마싸 マッサ	英語「my sider」の略。流行や人の言葉に惑わされず、自分の信じた道を生きる人。
空気読め	낄끼빠빠 キルキパッパ	「낄 때 끼고 빠질 때 빠져라（キル テキゴ パジル テ パジョラ）」(割り込むときに割り込んで、抜けるときには抜けろ)

ヤバい	쩔어 チョロ	(原) 쩔다　あいつ、マジすげえ：개 완전 쩔어 (ケ ワンジョン チョロ)
一気にする	정주행 チョンジュヘン	(漢) 正走行 ドラマや漫画などのシリーズを一気に観たり読んだりすること。
飯テロ	위꼴 ウィッコル	(胃)：위が (むらむらする)：꼴리다 飯テロ画像：위꼴샷、위꼴짤、위꼴사진
モクパン	먹방 モクパン	食べる放送：먹다 (食べる) ＋방송 (放送) 最近では日本人ユーチューバーも使っている言葉。 クッキング放送：쿡방 (クッパン) も人気がある。
アイテムゲット	득템 トゥクテム	득 (得る) ＋템 (アイテム)　ゲーム用語から派生。「○○템」は「○○アイテム」。　ひとり飲みアイテム：혼술템 (ホンスルテム) 日常会話でも使われる。いいものをもらったときなど「득템했어 (トゥクテムヘッソ)」と喜ぼう。
絶交のタイミング	손절각 ソンジョルガク	(直) 手を引くタイミング。 絶交：손절　～にぴったりのタイミング、～にぴったりの状況～：각 (ガク)
最高レベル	만렙 マルレプ	(満) 만＋ (レベル) 레벨　레벨の略語が「렙」。もとはオンラインゲームで使われている言葉。
高レベル	상타치 サンタチ	平均より高いレベル。(略) ㅅㅌㅊ このキャラいいね：이 캐릭터 ㅅㅌㅊ네 (イ キャリクター サンタチネ) このお菓子おいしい：이 과자 상타치다 (イ グァジャ サンタチダ) 「씹상타치」は最高レベルのこと。

低レベル	하타치 ハタチ	상타치の対義語。平均以下。（略）ㅎㅌㅊ このアイスまずいよ：이 아이스크림 하타치야（イ アイスクリㇺハタチヤ）
平均程度	평타치 ピョンタチ	상타치と하타치の間。平均値。（略）ㅍㅌㅊ それはフツーだね：그거 평타치다（クゴ ピョンタチダ）
ケースバイケース	케바케 ケバケ	케이스 바이 케이스（ケイスバイケイス）の略。
人それぞれ	사바사 サバサ	ケースバイケースの人バージョン。사람 바이 사람（サラㇺバイ サラㇺ）。
世界一きれい	세젤예 セージェレ	世界一きれいな人：세상에서 제일 예쁜 사람(セサンエソ チェーイㇽイェップン サラㇺ）の略。 世界一かわいい人：세젤귀＝세상에서 제일 귀여운 사람（セサンエソ チェーイㇽ クィヨウン サラㇺ） 世界一善良な人：세젤착＝세상에서 제일 착한 사람（セサンエソ チェーイㇽ チャッカン サラㇺ）
愛嬌いっぱい	애빼시 エッペシ	愛嬌を除けば死体：애교 빼면 시체の略。○○ 빼면 시체は○○をたくさん持っているというほめ言葉。
ひたすら我慢	존버 チョンボ	존나 버티다（チョンナ ボティダ）の略。つらい状況でも最後まで頑張って耐えるという意味。 존나という下品な言葉から派生しているので、使うときは注意。

メインキャラ	본캐 ポンケ	（直）本キャラ　本来の自分。もともとオンラインゲームで使われている言葉。バラエティー番組から広がりSNSなどでも使われ始めた。
サブキャラ	부캐 ブケ	（直）副キャラ　別の自分。 본캐は会社員、부캐はフリーランサーのように使う。
小中校生	급식충 クプシクチュン	급식（給食）+충（虫）　学校の給食を食べるこどもたち、という意味。短くして급식（給食）だけでも使われる。 급식체（クプシクチェ）=급식충が使う隠語や新造語。
こらしめてやる	참교육 시켜주겠다 チャムギョユク シキョジュゲッタ	（原）참교육 시키다 「참교육」の本来の意味は「正しい真の教育」。若者やネット上では「ぶん殴って思い知らせてやる」という意味で使われる。
図星を突いた	뼈 때렸어 ピョ テリョッソ	（直）骨をたたいた （原）뼈 때리다 図星を指されたよ：뼈 맞았어（ピョマジャッソ）
やり込める	팩폭 ペクポク	FACT暴力：팩트폭력（ペクトゥポンリョク）の略。反論の余地がない事実を突いて相手を傷つける行為。ぐうの音も出させないこと。뼈 때리다よりも相手を傷つけるためにひどいことをいうといったニュアンス。
お前もバカでよかった	너또다 ノットダ	「너도 또라이라 다행이다」の略。相手のバカな一面を見たときに、自分を慰める意味でふざけて言う言葉。

ショック受けた	2000원 비싸졌다 イーチョノン ピッサジョッタ	(直) 2000ウォン高くなった 骨なしチキンを「순살 (スンサル) チキン」という。韓国のフライドチキンは、骨なしが骨付きよりも2000ウォン高い。ここから派生した言葉。ストレートに言われて「뼈 때리다」→図星を指されて瞬殺 (순살) された、という意味。二重三重の意味が重なってできている言葉なのでわかりにくいが、意味だけ覚えておけばいい。 その服を着たら足が短く見えるよ:아, 너 그렇게 입으니까 다리 짧아보여 大ショック!:2000원 비싸졌다 「2000원 비싸짐」も使える。
めちゃイケメン	존잘 チョンジャル	존나 (チョンナ) +잘생겼다 (チャルセンギョッタ)
勝手な推測	뇌피셜 ネピショル	脳:뇌+オフィシャル:오피셜の合成語。脳内だけでオフィシャルな意見という意味。自分の頭の中で考えたことが検証されたことであるかのように言う行為。
キモい	극혐 クッキョム	(漢) 極嫌　激しく憎むこと、大嫌いなこと、などの意味もある。 ゴキブリ出た、気持ち悪い!:바퀴 나왔어! 극혐이야 (パクィ ナワッソ! クッキョミヤ)　바퀴は바퀴벌래の略語で「ゴキ」。
自分で調べない人	핑프 ピンプ	フィンガープリンス:핑거 프린스またはフィンガープリンセス:핑거 프린세스の略。自分の指を王子 (または姫) のように大事にし、自ら検索しようとせず他人に聞く人のこと。

おしゃべり大好きな人	TMT ティーエムティー	英語「Too Much Talker（しゃべりすぎる人）」の略。代表的なTMTは野球（KBO）のパク・チャノ選手。悪い意味というわけではない。
どうでもいい情報	TMI ティーエムアイ	英語「Too Much Information（多すぎる情報）」の略。
もどかしい	고답 コダプ	고구마를 먹은 듯 답답하다（コグマルル モグントゥ タプタッパダ）サツマイモを食べたかのようにもどかしい、飲み物もなくたくさんサツマイモを食べたときの気分。「답답하다」よりももっともどかしい。
今夜チキンどう?	오저치고？ オジョチゴ	今夜チキン、ゴー？：오늘 저녁 치킨 고?（オヌル チョニョク チキン ゴー）
チキン様	치느님 チヌニム	チキン：치킨＋神様：하느님（ハヌニム）の合成語。チキンがおいしすぎて神様みたいなのでチキンをあがめて言う言葉。 **●ドラマ『愛の不時着』より** ヒロイン・セリのセリフ。「얼마만에 영접하는 치느님이야」（久しぶりにお迎えするチキン様だわ）
当然すべてのチキンは正しい	당모치 タンモチ	당연히 모든 치킨은 옳다（タンヨンニ モドゥン チキヌン オルタ）の略。どんなブランドのどんなチキンを注文しても、チキンはいつも正しい。チキン様が愚民に問う言葉。

ワークライフバランス	워라밸 ウォラベル	英語「work and life balance」워크와 라이프의 균형（ウォークワ ライプエ キュニョン）仕事とプライベートの両立を目指そうという言葉の略。似た言葉に스라밸（스터디와 라이프의 밸런스）=Study and life Balance。勉強とプライベートの両立を目指そうというものがある。
リモート	랜선 レンソン	（直）LAN線　リモートミーティング：랜선 미팅（レンソン ミーティン）リモートの集まり：랜선 모임（レンソン モイム）リモート旅行：랜선여행（レンソン ヨヘン）内容によっては「オンライン」と訳すことも。
シラけた	갑분싸 됐어 カップンサ ドェッソ	갑분싸は「갑자기 분위기가 싸해지다」の略。急に雰囲気がシラけた。つまらないジョークを聞いたら言おう。
こなれ感	꾸안꾸 クアンク	「꾸민 듯 안 꾸민 듯」の略。着飾っているような着飾っていないような。
着飾ってもダサい	꾸꾸꾸 ククク	「꾸며도 꾸며도 꾸민 것 같지 않다」の略。頑張っておしゃれしてもダサい。「꾸안꾸」の反対語の対義語。
びっくり	깜놀 カムノル	びっくりする：깜짝 놀라다の略。
開封レビュー	언박싱 オンバクシン	英語「Unboxing（開封の儀）」。買った商品の箱を開封しながら商品を説明する。ユーチューブなどで使われる。

⑤スラング

最新の流行語ではないけれど、辞書にも載っていないスラング。日常会話では一般的に使われているので知っておくと便利。

巣ごもり	집콕 チプコㇰ	家にこもること。もともと「部屋に閉じこもる」ことをタイの首都バンコクになぞらえて방콕（パンコㇰ）と言っていた。コロナでこもる空間が部屋「방（パン）」から家全体へと変化した。
ぴったりの相性	케미 ケミ	「ケミカル（化学）」の略語。幻想的な相性：환상케미（ファンサン ケミ） 相性がいい：케미가 좋다（ケミガ チョア）
堅物	꼰대 コンデ	昔は説教くさい年寄りだけを指していたが、最近では偉そうに振る舞う人にも使われる。生徒が先生を呼ぶときの隠語でもある。
おやじギャグ	아재개그 アジェゲグ	아재＝おじさん＋개그＝ギャグ。アジェゲグの内容は日本と同様、だじゃれが多い。
ディスる	디스해 ティスヘ	（原）디스하다　非難する、けなす。日本語の「ディスる」と同じように使える。
突然オフ会	번개팅 ポンゲティン	번개は稲妻のこと。
ふざけたこと言うな	드립치지 마 トゥリㇷ゚チジ マ	（原）드립치다　드립＝「アドリブ」から派生した言葉。作り話、あきれた発言、冗談などを指す。 （直）冗談みたいなことを言うな 욕드립（ヨㇰトゥリㇷ゚）＝悪口のジョーク　성드립（ソンドゥリㇷ゚）＝セックスジョーク

ラスボス	**끝판왕** クッパンワン	(直) 終局の王　ある分野で最高のレベルに達した人。
最終兵器	**종결자** チョンギョルチャ	(漢) 終結者　ターミネーターのこと。
炎上	**어그로** オグロ	オンラインゲーム用語から来た言葉。英語の「aggressive (攻撃的な)」が由来。関心を引くために炎上行為をすること。 炎上行為はやめろ：어그로 끌지 마 (オグロ クルジマ)
ウソつくな	**구라치지 마** クラ チジマ	(原) 구라치다　거짓말하다 (コジンマラダ) のスラング　거짓말は一般的用語。구라は거짓말よりも「ウソ」の度合いが強く、イカサマ、詐欺などのニュアンスで男性がよく使う。ドラマではほとんど使われない。
	뻥치지 마 ポンチジ マ	(原) 뻥치다　ウソ：뻥 (ポン)　老若男女がふだんの生活でよく使う。
コスパ	**가성비** カソンビ	価格対性能比の略語。 コスパがいい：가성비가 좋다 (カソンビガ チョタ)　コスパが最高：가성비 끝판왕 (カソンビ クッパンワン)
イカしてる	**죽이네** チュギネ	(原) 죽이다 (殺す)　(類) 죽여줘 (殺してくれ)　悪い意味ではなくほめ言葉。
定時上がり	**칼퇴근** カルトェーグン	(略) 칼퇴 (カルトェー)　칼 (ナイフ) で切るようにスパッと仕事を終わらせて帰ること。
不思議ちゃんだね	**사차원이네** サチャウォニネ	(直) 四次元だね　四次元的な精神世界をもった人のこと。

金魚のふん	껌딱지 コムタㇰチ	（直）噛んだガム　べったりくっついて離れないこと。
天才的	귀신 クィシン	（漢）鬼神　ある面で他の人よりも秀でているとき、比喩的に使う。 お前、マジ天才的だな：너 진짜 귀신이다
エセ	사이비 サイビ	（漢）似而非　新興宗教：사이비 종교（サイビ ジョンギョ）
親バカ	딸바보 タルパーボ	（直）娘バカ　息子の場合は아들바보
猛勉強	열공 ヨルコン	열심히 공부하다（ヨルシミ コンブハダ）の略。特に受験前の中3、高3がよく使う言葉。 「열공해！（ヨルコンヘ）」のようにも使える。
ダブルスタンダード	내로남불 ネロナムブル	自分がすれば ロマンス、他人がすれば不倫：내가 하면 로맨스，남이 하면 불륜（ネガ ハミョン ロメンス、ナミ ハミョン プルリュン）の略。
圧倒的な存在	넘사벽 ノムサビョㇰ	超えられない四次元の壁：넘을 수 없는 사차원의 벽（ノムルス オムヌン サーチャウォネ ビョㇰ）の略。
超イケメン	킹카 キンカ	（直）［トランプの］キングのカード 女性版は「퀸카（クィンカ）」＝クイーンのカード
黒歴史	흑역사 フギョㇰサ	日本語の「黒歴史」が由来。触れられたくない恥ずかしい過去のこと。

爽快	사이다 サイダー	サイダーを飲んだときのすっきりした感じを指す。
新商品	신상 シンサン	「신상품（シンサンプㇺ）」の略。
やらせ	조작 チョージャㇰ	（漢）造作
やりがい搾取	열정페이 ヨㇽチョン ペイ	（直）熱情PAY
きつい	빡세 パㇰセ	（原）빡세다　スケジュールがきついとき、しんどいときに使う。「힘들다」よりくだけた表現。
イケてる感じ	힙한 느낌 ヒッパン ヌッキㇺ	（原）힙하다
人気再燃	역주행 ヨㇰチュヘン	（漢）逆走行　昔の音楽や映画が再びヒットすることや、昔は人気がなかったのに何かのきっかけでブレイクすること。
色白でキレイ	뽀샤시해 ポシャシヘ	（原）뽀샤시하다　뽀샵（フォトショップ）を使ったかのようにキレイ。
神	레전드 レジョンドゥ	神回：레전드회
もちろん	당근이지 タングニジ	당연（当然）から派生した言葉。당근は「人参」という意味もあるので、文字で書く代わりに人参のスタンプを送ることもある。

電話をかける

友達との会話、お店の予約……電話をかけるのは緊張するけれど、だからこそ、通じたときには一段とうれしいもの！

ケータイ電話	휴대전화 ヒュデチョナ	（類）휴대폰（ヒュデポン） 핸드폰（ヘンドゥポン）
スマホ	스마트폰 スマトゥポン	充電できますか？:충전할 수 있나요?
スマホケース	휴대폰 케이스 ヒュデポン ケイス	
もしもし	여보세요 ヨボセヨ	
電波	전파 チョンパ	
悪い	안 좋아 アン ジョア	전파가 좋다 / 안 좋다（電波がよい、悪い）
圏外なの	휴대폰이 안 터져 ヒュデポニ アン トジョ	
早く	빨리 パルリ	
来て	와 ワ	
歩きスマホする人	스몸비 スモムビ	스마트폰 좀비（スマトゥポン ジョンムビ）の略。最初に使われたのはドイツ。

いまどこ? 話しても平気?
지금 어디야? 통화 괜찮아?
チグム オディヤ? トンファ ケンチャナ?

電波悪くない?
전파가 잘 안 잡히지?
チョンパガ チャル アン チャピジ

자기소개（自己紹介）してみよう！

チャギソゲ

趣味、職業は？……単語を並べるだけでも人柄は伝わるもの。韓国人と友達になる第一歩に挑戦！

名前	이름 イルム	年齢	나이 ナイ
連絡先	연락처 ヨルラクチョ	住所	주소 チューソ
故郷	고향 コヒャン	職業	직업 チゴプ

趣味：취미 チュィーミ

映画鑑賞	영화감상 ヨンファ ガムサン	音楽鑑賞	음악감상 ウマッ カムサン
絵画鑑賞	그림감상 クリム ガムサン	絵を描くこと	그림 그리기 クリム グリギ
テレビを観ること	텔레비전보기 テルレビジョン ポギ	ジグソーパズル	직소퍼즐 チクソポジュル
楽器演奏	악기연주 アッキ ヨンジュ	写真撮影	사진 찍기 サジン チッキ
めい想	명상 ミョンサン	パン作り	베이킹 ペイキン
生け花	꽃꽂이 コッコジ	編み物	뜨개질 トゥゲジル
ドライブ	드라이브 トゥライブ	キャンプ	캠핑 ケムピン

釣り	낚시 ナクシ	乗馬	승마 スンマ
ロッククライミング	암벽 등반 アムビョク トゥンバン	ダンスを習うこと	댄스 배우기 テンス ペウギ
おいしい店めぐり	맛집탐방 マッチプ タムバン	ビリヤード	당구 タング
温泉めぐり	온천 도장깨기 オンチョン トジャンケギ	山登り	등산 トゥンサン
習字	붓글씨 プックルシ	収集	수집 スジプ
読書	독서 トクソ	本：책（チェク） ノンフィクション：논픽션（ノンピクション） 小説：소설（ソーソル） エッセイ：에세이（エセイ） 漫画：만화（マナ）　ウェブ漫画：웹툰（ウェプトゥン） 詩：시（シ） 自伝：자서전（チャソジョン）	

私は（黒田）と申します

저는 (구로다) 라고 합니다
チョヌン（クロダ）ラゴ ハムニダ

趣味は何ですか?

취미가 뭐예요 ?
チュィミガ ムォエヨ?

Lesson 5

\ 韓流エンタメを /
楽しむ単語

いまやすっかり日本にも定着した韓流エンタメ。ドラマや映画の頻出単語は好きなジャンルから攻略してみて！

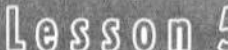

①恋愛

韓流のテッパンジャンル！＆みんな大好き恋バナ。こんな単語を知っておけば韓国チングとの恋愛にも困らなそう！

男	남자 ナムジャ	●映画『完璧な他人』より 精神科医のイェジンが言う。「남자랑 여자는 뇌의 운영 체계부터가 다르니까. 한마디로 아이폰하고 안드로이드폰 같다고 보면 돼」（男と女は脳のＯＳが違うの。つまりアイフォーンとアンドロイドフォンみたいなものよ）
女	여자 ヨジャ	
彼氏	남자친구 ナムジャチング	（直）男友達　（略）남친（ナムチン）
彼女	여자친구 ヨジャチング	（直）女友達　（略）여친（ヨチン）
恋人	애인 エーイン	（類）연인（ヨニン）
ベストカップル	베플 ペプル	베스트 커플（ペストゥ コプル）
愛人	세컨드 セコンドゥ	英語の「second（セカンド）」、つまりナンバー２。
脈あり男／女	썸남／썸녀 ソムナム／ソムニョ	これから恋愛関係に発展しそうな雰囲気の相手。
恋愛	연애 ヨネ	俺と恋愛しよう：오빠랑 연애하자

つき合う前段階だよ	**썸 타** ソム タ	(原) 썸 타다　私、最近いいムードなの：나 요즘 썸 타 「썸 타는 애들끼리 약속 잡느라고……」(好きな相手との約束を取りつけようとして……)
恋愛経験ゼロ	**모태솔로** モーテソルロ	(直) 母胎ソロ　恋人いない歴が年齢と同じ。(略) 모솔、모쏠 「모태솔로라는 거 후라이 같은데?」(恋愛経験ゼロなんてウソでしょ？) ※후라이（フライ）は北朝鮮の言葉で「ウソ」という意味。
独身	**싱글** シングル	(類) 솔로（ソルロ)、독신（トクシン） **●映画『完璧な他人』より** ケータイを交換してくれ、とヨンベに頼みながら……「아니 넌 싱글이잖아 임마」(だってお前はひとり身だろ)
婚期を過ぎた独身女性	**노처녀** ノチョニョ	(漢) 老処女　韓国では日常生活で普通に使われている語。
婚期を過ぎた独身男性	**노총각** ノチョンガク	(漢) 老総角
紹介による男女の出会い	**소개팅** ソゲティン	(直) 紹介ティング　「ミーティング」の「ティング」。
合コン	**미팅** ミティン	「仕事の打ち合わせ」も미팅を使う。
お見合い	**맞선** マッソン	見合いをする：맞선을 보다（하다ではない）

ナンパ	헌팅 ホンティン	（直）ハンティング **●ドラマ『梨泰院クラス』**ではセロイの敵グンウォンが梨泰院の店を「ハンティングポチャ」（ナンパ居酒屋）にしたいという企画案を出した。
出会い系	즉석만남 チュｸソン マンナム	（直）即席の出会い　出会い系アプリを使って援交した：즉석만남 앱을 이용해 조건만남을 했어
仲良くなった	친해졌어 チネジョッソ	（原）친해지다　男女の関係以外にも使う。
第一印象	첫인상 チョディンサン	（漢）初印象
運命	운명 ウンミョン	「운명이 뭐 별건가? 필요할 때 나 앞에 나타나주면 그게 운명이지」（運命なんて特別なものじゃないわ。必要なとき目の前に現れてくれたら、それが運命なの）
迫った	들이댔어 トゥリデッソ	（原）들이대다　（類）異性を口説くこと：대시하다（テシハダ） 私を口説いてるの？：나 꼬시는 거야?（ナ コシヌン ゴヤ）
口説いたの?	꼬셨어? コショッソ	（原）꼬시다　（類）誘惑する：유혹하다　작업을 걸다（作業を仕掛ける＝口説く）
ラブラブカップル	닭살커플 タｸサル コプル	（直）鳥肌カップル
数股かける	어장관리 オジャングァルリ	（直）漁場管理　数人の異性に気をもたせてキープすること。

二股をかけないで	**양다리 걸치지 마** ヤンダリ コルチジ マ	羊肉の脚も양다리と言う。
胸キュン	**심쿵** シムクン	（参）壁ドン：벽치기　あまり韓国では聞かない。　キュン死：심쿵사（シムクンサ）
キュンです	**심쿵해** シムクンへ	
ときめきます	**설레요** ソルレヨ	（原）설레나
会いたい	**보고 싶어** ポゴ シポ	（原）보고 싶다＝純粋に顔を見たいとき。「懐かしい」というニュアンスも含まれていて、死んだ人に会いたいときにも使う。 「만나고 싶다（マンナゴ シプタ）」は、アポを取って会うとき、あるいは会ってみたいというニュアンスが含まれている。芸能人に会いたいというときはこちらを使う。
恋に落ちちゃった	**사랑에 빠져버렸어** サランエ パジョボリョッソ	（原）사랑에 빠지다 その二人は恋に落ちた：그 둘이 사랑에 빠졌다
好き	**좋아해** チョアヘ	（原）좋아하다 あなたが好き：너를 좋아해（ノルル チョアへ）　니가 좋아（ニガ チョア） 좋아하다は動詞（好む）、좋다は形容詞（好き）。 **●ドラマ『コーヒープリンス１号店』より** 主人公のハンギョルが男装したウンチャンに告白。「한 번만 이야기할 테니까 잘 들어. 나 너 좋아해」（一度だけ言うからよく聞け。俺はお前が好きだ）

気がある	마음이 있어 マウミ イッソ	気がない：마음이 없어（マウミ オプソ）
私の好きなタイプだよ	내 스타일이야 ネ スタイリヤ	**●ドラマ『キム秘書はいったい、なぜ?』より** 秘書のミソが主人公ヨンジュンに言う。「부회장님께선 제 스타일이 아니세요」（副会長は私のタイプではありません）
モテるね	남자한테 ナムジャハンテ 인기가 있어 インッキガ イッソ	（直）男性に人気がある 女性にモテる：여자한테 인기가 있어 どちらも「モテる」という訳でＯＫ。「인기」の「기（キ）」は濃音。
ドキドキ	두근두근 トゥグンドゥグン	（動詞）두근두근하다
惚れっぽい	금사빠 クムサッパ	すぐに恋に落ちる人：금방 사랑에 빠지는 사람（クムバン サランエ パジヌン サラム）
片思い	짝사랑 チャクサラン	「길고 긴 짝사랑의 끝맺음, 그런 거야?」（長かった片思いの終止符かしら？）
つき合おう	사귀자 サグィジャ	（原）사귀다 つき合う前の曖昧な段階は「삼귀다（サムグィダ）」という（新造語）。사귀다＝4귀다（サグィダ）と考え、4の前は3なので3귀다（サムグィダ）となる。
告白	고백 コベク	
惚れた	반했어 パネッソ	（原）반하다 一目惚れした：한눈에 반했어（ハンヌネ バネッソ）

今日から つき合うんだよ	**오늘부터 1일이야** オヌルブト イリリヤ	（直）今日から１日だ 韓国ではつき合って100日目を祝うカップルが多いので、いつが１日目かは重要。 「오늘부터 1일이요」（今日から恋愛１日目よ）
夢中だよ	**빠졌어** パジョッソ	
愛してる	**사랑해** サランヘ	（原）사랑하다 **●ドラマ『花遊記』より** 主人公のオゴンがヒロインのソンミに言う。 「예뻐. 사랑하니까」（きれいだ。愛してるから）
君を守るよ	**너를 지켜줄게** ノルル チキョジュルケ	（原）너를 지키다 **●ドラマ『花遊記』より** 主人公のオゴンがヒロインのソンミに言う。 「세상이 부서져도 당신을 지켜드리죠」（この世が滅びようともあなたをお守りします） **●同** 「니가 힘들고 무섭고 위험할 때 내이름을 부르면 언제든지 달려가서 널 지켜줄게」（お前がつらくて怖くて危険なとき、俺の名前を呼んだらいつでも駆けつけて守ってやるよ）
チュー	**뽀뽀** ポッポ	チューして：뽀뽀해줘（ポッポヘジュオ）
ファーストキス	**첫키스** チョッキス	（直）初キス
初恋	**첫사랑** チョッサラン	「첫사랑 그거 오래 하는 거 아니에요」（初恋は長く続けるものじゃないですよ）

三角関係	삼각관계 サムガックァンゲ	
恋の駆け引き	밀당 ミルッタン	押したり引いたり：밀고 당기기（ミルゴ タンギギ）の略。積極的にアプローチして「押したり」相手から距離を取って「引いたり」。
デキてる	그렇고 그런 사이 クロッコ クロン サイ	（直）そういう関係
結婚	결혼 キョロン	結婚する：결혼한다　お嫁に行く：시집(을) 가다 **●映画『エクストリーム・ジョブ』より** チキン店を買収する資金がないため、ジェホンは結婚資金を提供すると言う。「반장님의 설 자리를 위해서 저 결혼 다음 생에 하겠습니다」（班長の立場を考えて、結婚は来世でします）
配偶者	배우자 ペウジャ	
既婚男性	유부남 ユブナム	（漢）有婦男
既婚女性	유부녀 ユブニョ	（漢）有夫女
おしどり夫婦	잉꼬부부 インコブブ	（直）インコ夫婦 仮面夫婦：쇼윈도 부부（ショーウインドー夫婦）
浮気	바람 パラム	바람は「風」という意味。 浮気をする：바람 피우다「바람 피다」もＯＫ。　浮気者：바람둥이

ドタキャンした	빵꾸 냈어 パンク ネッソ	（原）빵꾸 내다　（直）パンクした
すっぽかした	바람 맞혔어 パラム マチョッソ	（原）바람 맞히다　すっぽかされた：바람 맞았어
シッポを振るな	꼬리 치지 마 コリ チジ マ	（原）꼬리(를) 치다　꼬리＝シッポ。女性が男性に愛嬌を振りまくこと。
つきまとうな	질척거리지 마 チルチョッコリジ マ	（原）질척거리다
ちょっかい出すな	집적거리지 마 チプチョッコリジ マ	（原）집적거리다
夫婦ゲンカ	부부 싸움 プブサウム	夫婦喧嘩は犬も食わぬ：부부 싸움은 칼로 물 베기＝夫婦ゲンカは刃物で水を切るようなもの
性格の差	성격차이 ソンキョクチャイ	「격（キョク)」は濃音。
不倫	불륜 プルリュン	（類）외도（外道）
仲直りして	화해해라 ファヘヘラ	（原）화해하다
嫉妬（しっと）	질투 チルトゥ	**●ドラマ『太陽を抱く月』より** 世子・フォンが言う。「설마 너...... 나와 그 아이를 질투한 것이냐?」（まさか お前……私とあの子の仲を妬（や）いてたのか？）
振られた	차였어 チャヨッソ	（原）차이다　振る：차다

別れたよ	헤어졌어 ヘオジョッソ	(原) 헤어지다 **●ドラマ『コーヒープリンス1号店』より** 主人公のハンギョルのセリフ。「1~2년 사귀다 헤어지게? 그럴 거면 지금 헤어지는 게 낫다」(1~2年つき合って別れるのか? ならいま別れたほうがマシだ) 音信不通:연락 두절 (ヨルラクトゥジョル)
忘れてください	잊어 주세요 イジョ ジュセヨ	**●ドラマ『太陽を抱く月』より** 王となったフォンが言う。「잊어달라고 하였느냐. 잊어주길 바라느냐. 미안하구나, 잊으려 하였으나 너를 잊지 못하였다」(忘れてくれと言ったか。忘れてほしいのか。悪いが、忘れようとしてもお前を忘れられぬのだ)
離婚	이혼 イホン	離婚訴訟:이혼 소송 (イホンソソン) 離婚事由:이혼 사유 (イホンサユ)
バツイチ	돌싱 トルシン	돌아온 싱글 (戻ってきたシングル) の略。 バツイチです:한번 갔다 왔어요 (ハンボン カッタワッソヨ) =一度行ってきました

②人間関係

韓国人は共通点のある人を「ウリ（私たち）」というくくりで大事にする。親しくなりたい人とは共通点を見つけよう。

友達	친구 チング	飲み友達：술친구（スルチング）（直）酒友達
男友達	남사친 ナムサチン	ただの友達を強調する場合。 남자 사람 친구（男性の友達）の略。
女友達	여사친 ヨサチン	ただの友達を強調する場合。 여자 사람 친구（女性の友達）の略。
先輩	선배 ソンベ	サークルの先輩：동아리 선배　中学の先輩：중학교 선배（助詞の「の」にあたる「의」は付けない）。
後輩	후배 フベ	職場の後輩：직장 후배
相棒	단짝 タンチャㇰ	단짝친구（タンチャㇰチング）ともいう。
ベストフレンド	베프 ペプ	베스트 프렌드（ペスト プレンドゥ）の略。
親友	절친 チョルチン	절친한 친구（チョルチナン チング）「とても親しい友人」の略。
同級生	동창 トンチャン	（漢）同窓
幼なじみ	소꿉친구 ソックㇷ゚チング	男性は「불알친구（プラルチング）」も使う。불알は睾丸のこと。
知り合い	아는 사람 アヌン サラム	

親しい間柄	**가까운 사이** カッカウン サイ	「가까워지진 못하더라도 도망가게 하지는 말아야지」(親しくなるのは無理でも逃げさせちゃダメでしょ)
自分の味方	**내사람** ネ サラム	(直) 私の人 「너희들과 같은 내사람이야」(お前たちと同じ俺の仲間だ)
仲間外れ	**왕따** ワンッタ	仲間外れにされた：왕따 당했어 (ワンタ ダンヘッソ) **●映画『完璧な他人』より** 精神科医のイェジンが夫のソクホを責める。 「아이 너무하네……친구들끼리 왕따나 시키고」(ひどいわ……友達同士で仲間外れにするなんて)
メンター	**멘토** メント	指導者のこと。
客	**손님** ソンニム	
関係	**관계** クァンゲ	
秘密	**비밀** ピミル	秘密は守ってね：비밀은 지켜야 돼 **●映画『完璧な他人』より** 最後に流れる字幕。 「사람들은 누구나 세 개의 삶을 산다. 공적인 하나. 개인의 하나. 그리고 비밀의 하나」(人は誰でも三つの生活の場を持つ。公的な生活、個人的な生活、そして秘密の生活)

③犯罪

刑事ドラマやヤクザ映画、南北モノなど、韓流エンタメならではの迫力あるジャンルも字幕ナシで楽しみたい人に！

犯罪者	범죄자 ポムジェジャ	共犯	공범 コンボム
加害者	가해자 カヘジャ	被害者	피해자 ピヘジャ

犯人	범인 ポミン	●映画『エクストリーム・ジョブ』 麻薬捜査班のヨンホはコ班長に怒って言う。 「범인 잡으려고 치킨집 하는 겁니까, 아니면 치킨집 하려고 범인을 잡는 겁니까?」 （犯人を捕まえるためにチキン店をやってるんですか、チキン店をやるために犯人を捕まえるんですか？）
罪	죄 チェー	「당신이 지은 죄, 전부 치르게 할 거야」 （お前が犯した罪は全部償わせてやる） 罰を受ける：벌을 받다（ポルルパッタ）
証拠	증거 チュンゴ	「경찰에 넘겨야죠, 증거가 다 있는데」（警察に引き渡しましょう、証拠も揃ってるんだし）
ウソ	거짓말 コジンマル	ウソ発見器：거짓말 탐지기 ●ドラマ『雲が描いた月明り』より 世子・ヨンはヒロインのラオンに言う。 「네 말만 들을 것이다. 어떤 거짓말을 해도 믿을 것이다」（お前の言葉だけを聞く。どんなウソでも信じよう）
殺人	살인 サリン	殺された：살해 당했어（サレ タンヘッソ）
強盗	강도 カンド	（類）路上強盗：뻑치기（ポㇰチギ）

泥棒	도둑질 トドゥチル	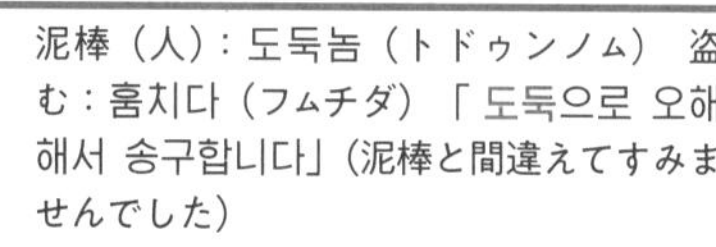 泥棒（人）：도둑놈（トドゥンノム） 盗む：훔치다（フムチダ）「도둑으로 오해해서 송구합니다」（泥棒と間違えてすみませんでした）	
空き巣	빈집털이 ピンジプトリ	スリ	소매치기 ソメチギ
万引き	좀도둑 チョムトドゥク	ひったくり	날치기 ナルチギ
ひき逃げ	뺑소니 ペンソニ	詐欺	사기 サギ
横領	횡령 フェンニョン	麻薬密売	마약밀매 マヤンミルメ
恐喝	공갈 コンガル	ヤクザ	깡패 カンペ
チンピラ	양아치 ヤンアチ	監視カメラ	CCTV シシティビ
拉致（らち）	납치 ナプチ	監禁	감금 カムグム
レイプ	강간 カンガン	痴漢	치한 チハン
露出狂	노출광 ノチュルグァン	変態：변태（ピョンデ）と表現することも多い。コート男：바바리맨（ババリメン）コートを広げて下半身を見せる男。	
援助交際	조건만남 チョッコン マンナム	「건（コン）」は濃音。	

④仕事・職業

財閥、秘書、医師……格差社会がテーマのストーリーも続々！　ちなみに韓国の小学生に人気の職業は「スポーツ選手」や「教師」。

仕事

社員	사원 サウォン	平社員：평직원（ピョンチグウォン）　新入社員：신입사원（シニプサウォン）
会社員	회사원 フェサウォン	（類）職場人：직장인（チクチャンイン）
公務員	공무원 コンムウォン	国家公務員は１級から９級まである。韓国の９級が日本の国家Ⅲ種、７級が国家Ⅱ種、５級が国家Ⅰ種（キャリア）にあたる。●**アクション・ラブコメ映画『７級公務員』**もヒットした。
自営業	자영업 チャヨンオプ	
仕事	일 イル	「이 일이 힘은 드는데 금세 익숙해져」（この仕事は大変だけどすぐに慣れる）
職業	직업 チゴプ	●**映画『エクストリーム・ジョブ』より** コ班長がチキン店で部下のジェホンに言う。「직업 정신이 없어?」（職業意識がないのか？）ジェホン「제 직업은…… 형……」（僕の職業は……刑事……）

肩書	직함 チッカム	名刺	명함 ミョンハム
勤務	근무 クンム	残業	야근 ヤグン
出勤	출근 チュルグン	出張	출장 チュルチャン

退勤	**퇴근** トェーグン	**●ドラマ『キム秘書はいったい、なぜ?』より** 秘書のミソが主人公のヨンジュンに言う。「전 일찍 퇴근해도 될까요?」(私、早めに帰ってもいいですか?)
昇進	**승진** スンジン	
降格	**강등** カンドゥン	
就職	**취직** チュィージク	
転職	**이직** イジク	
就活	**취준** チュィージュン	취업 준비(チュィーオプ チュンビ)=就業準備の略。就活する:취준하다(チュィジュナダ) 就活生:취준생(チュィージュンセン)=就業準備生の略。
給料	**월급** ウォルグプ	年俸:연봉(ヨンボン) ボーナス:보너스
退職金	**퇴직금** トェージックム	**●映画『エクストリーム・ジョブ』より** コ班長のセリフ。「퇴직금 회수 못해오면 이혼이랜다」(退職金を回収できなければ離婚だってさ)
共稼ぎ	**맞벌이** マッポリ	
本業	**본업** ポノプ	兼業:겸업(キョモプ)
副業しようと思います	**투잡 뛰려고 해요** トゥージャプ ティリョゴ ヘヨ	투잡=two job (原)투잡 뛰다

仕事

企業	기업 キオプ	財閥	재벌 チェーボル
会長	회장 フェージャン	代表	대표 テピョ
専務	전무 チョンム	常務	상무 サンム
理事	이사 イーサ	本部長	본부장 ポンブジャン
室長	실장 シルチャン	チーム長	팀장 ティムジャン
部長	부장 プジャン	次長	차장 チャジャン
課長	과장 クァジャン	係長	계장 ケージャン
主任	주임 チュイム	代理	대리 テーリ
ゲーム業界	게임업계 ケイムオプケ	IT業界	IT 업계 アイティーオプケ
金融業界	금융업계 クミュンオプケ	商社	상사 サンサ
出版社	출판사 チュルパンサ	新聞社	신문사 シンムンサ
不動産	부동산 プドンサン	流通	유통 ユトン

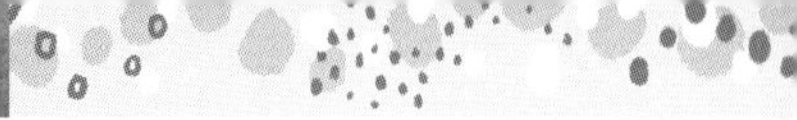

仕事

お金を稼がなくちゃ	돈을 벌어야지 トヌル ボロヤジ	（原）벌다 **●映画『パラサイト』より** キム一家の息子ギウは父親のギテクに手紙を書く。「저는 오늘 계획을 세웠습니다. 돈을 벌겠습니다. 아주 많이요. 돈을 벌면 이 집부터 사겠습니다」（僕は今日計画を立てました。お金をたくさん稼ぎます。稼いだらこの家を買います）
辞めさせていただきます	그만두겠습니다 クマンドゥゲッスムニダ	（原）그만두다 **●ドラマ『キム秘書はいったい、なぜ？』より** 主人公のヨンジュンが秘書のミソに言う。「그런 기본직인 계획도 없이 왜 그만두는 거지?」（そんな基本的な計画もなく、なぜ辞めるんだ？）

職業

警察官	경찰관 キョンチャルグァン	警官：경관（キョングァン）　隠語：짭새（チャプセ）　サツとかマッポみたいな言い方。もともとは私服警察を指した。 **●映画『エクストリーム・ジョブ』より** 麻薬組織員が主人公のコ班長に言う。「대한민국 짭새들 가난한 거 그거 인권 문제야」（大韓民国のサツが貧乏なのは人権問題だよ）
警備員	경비원 キョンビウォン	
刑事	형사 ヒョンサ	刑事事件：형사사건　民事事件：민사사건　逮捕：체포

裁判官	재판관 チェパングァン	法廷モノのドラマで弁護士が裁判長に意見を述べるとき、最初に「존경하는 재판장님（チョンギョンハヌン チェパンジャンニム）」と付けるのだが、字幕では字数の関係で削られることが多い。
検事	검사 コムサ	判事：판사　検察官：검찰관
刑務官	교도관 キョードグァン	犯罪モノによく出てくる職業。 囚人：죄수
弁護士	변호사 ピョノサ	法廷に立つと日本と同様「弁護人：변호인」と言われる。 国選弁護士：국선변호사（クㇰソン ビョノサ）
法律家	법조인 ポㇷ゚チョイン	（漢）法曹人
建築家	건축가 コンチュッカ	
大工	목수 モㇰス	（漢）木手
先生	선생님 ソンセンニㇺ	スラングでは「쌤（セㇺ）」。悪い意味はない。
校長先生	교장 선생님 キョージャン ソンセンニㇺ	
教授	교수 キョース	

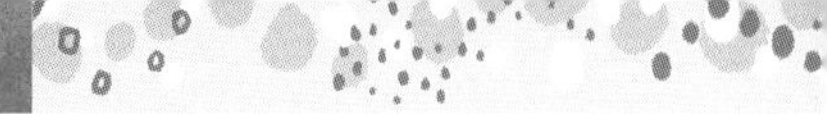

職業

講師	강사 カンサ	講義：강의
医師	의사 ウィサ	
看護師	간호사 カノサ	白衣の天使：백의의 천사（ペギエチョンサ）
芸能人	연예인 ヨネイン	芸能界：연예계　所属プロダクション：소속사
歌手	가수 カス	
俳優	배우 ペウ	女優：여배우（ヨベウ）　映画俳優：영화배우（ヨンファベウ）
モデル	모델 モデル	
リポーター	리포터 リポトー	
マネージャー	매니저 メニジャー	
ミュージシャン	뮤지션 ミュージション	
声優	성우 ソンウ	
監督	감독 カムドㇰ	

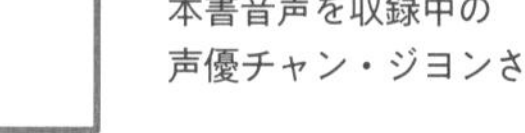

本書音声を収録中の
声優チャン・ジヨンさん

プロデューサー	PD ピーディー	프로듀서の略。
バリスタ	바리스타 パリスタ	ハンドドリップ：핸드드립
バーテンダー	바텐더 パテンドー	
料理人	요리사 ヨリサ	
社会福祉士	사회복지사 サフェボㇰチサ	
エンジニア	엔지니어 エンジニオ	
小説家	소설가 ソーソㇽガ	●ドラマ『サイコだけど大丈夫』のムニョンは아동문학 작가（児童文学作家）
ライター	작가 チャッカ	フリーライター：자유기고가（ジャユギゴガ）＝自由寄稿家
カメラマン	사진 작가 サジン ジャッカ	（直）写真作家 「作家」という言葉を用いるのが一般的。「カメラマン」という名称は好まれない。
翻訳家	번역가 ポニョッカ	（類）번역자 映像翻訳：영상번역
通訳者	통역자 トンヨㇰチャ	통역가（トンヨㇰカ）、통역사（トンヨㇰサ）ともいう。통역（トンヨㇰ）とだけで呼ぶことも多い。
シナリオ作家	시나리오 작가 シナリオ ジャッカ	（類）각본가 放送作家：방송작가

職業

詩人	시인 シイン	韓国では詩人の地位が高い。詩も多く売れ、SNSでもよく詩が投稿されている。
漫画家	만화가 マナガ	ウェブ漫画：웹툰（ウェプトゥン） 画家：화가（ファガ）
フリーランサー	프리랜서 プリレンソー	
フリーター	백수 ペクス	女性の場合は백조（ペクチョ）＝白鳥
アルバイト	알바 アルバ	아르바이트（アルバイト）の略
運転代行	대리운전 テーリ ウンジョン	運転代行の運転手：대리기사（テーリギサ） 呼ぶときは「대리기사님（テーリギサニム）」のように님（ニム＝～さん）を付ける。
保育士	보육사 ポユクサ	
スポーツ選手	스포츠 선수 スポチュ ソンス	운동 선수（ウンドン ソンス）：運動選手でもOK。
主婦	주부 チュブ	専業主婦：전업주부
家政婦	가사 도우미 カサ トウミ	一般的にはお手伝いさんを意味する「아줌마（アジュムマ）」「도우미 아줌마（トウミ アジュムマ）」と呼ぶ。「家政婦：가정부（カジョンブ）」も使われているが、呼称が差別的という理由から最近は敬遠する傾向にある。

⑤ホラー・オカルト

近年、韓国のドラマや映画で増えつつあるこのジャンル。ホラー好きにオススメの単語をピックアップ！

ゾンビ	좀비 チョムビ	●**ドラマ『サイコだけど大丈夫』**の中で、児童文学作家である主人公のムニョンが描いた絵本の一つに『좀비아이（ゾンビの子）』がある。
神	신 シン	天使：천사（チョンサ）
死神	저승사자 チョスンサジャ	저승＝あの世＋사자＝使者
幽霊	귀신 クィシン	（漢）鬼神　（類）幽霊：유령（ユリョン） 日本語では「お化け」という訳も使える。 귀신には「超人間的または超自然的な能力を発揮する神」という意味もある。
霊魂	영혼 ヨンホン	（類）魂：혼（ホン）
悪鬼	악귀 アックィ	
悪魔	악마 アンマ	崇拝：숭배（スンベ）
怪物	괴물 クェームル	
妖怪	요괴 ヨグェ	

お化け	도깨비 トッケビ	
九尾の狐	구미호 クミホ	中国の神話が由来。金色の毛、9本の尾をもつ狐の霊獣、妖怪狐。韓国ではクミホを題材にした映画やドラマがよくある。
憑依（ひょうい）	빙의 ピンイ	
シャーマン	무당 ムーダン	女性のシャーマン：무녀 男性のシャーマン：박수무당
占い師	점쟁이 (역술인) チョムジェンイ	
神降ろし	신내림 シンネリム	**●ドラマ『太陽を抱く月』より** 世子・フォンが記憶を失ったヒロインの巫女・ウォルを質問攻めにするシーン。「신내림은 언제 어디서 누구에게 받은 것이냐?」（神降ろしはいつどこで誰から受けたのだ）
シャーマンの儀式	굿 クッ	神々に供物、巫女の歌舞で祭祀を捧げるシャーマニズムの儀式。
厄払い	액땜 エクテム	
魔法使い	마법사 マボプサ	魔女：마녀（マニョ） 魔法：마법（マボプ） 魔女狩り：마녀 사냥（マニョサニャン）
超能力	초능력 チョヌンニョク	
ホラー映画	공포영화 コンポーヨンファ	（漢）恐怖映画

怪談	**괴담** クェーダム	
UFO	**유에프오** ユーエプオー	
宇宙人	**외계인** ウェーゲイン	（漢）外界人　韓国語で「宇宙人：우주인（ウージュイン）」は「宇宙飛行士」のこと。 **●ドラマ『コーヒープリンス１号店』より** 主人公のハンギョルが男装したウンチャンに言う。「니가 남자건 외계인이건 상관없이 너 좋아해」（お前が男でも宇宙人でもいい、お前が好きだ）
予言	**예언** イェーオン	
呪い	**저주** チョージュ	**●ドラマ『キム秘書はいったい、なぜ？』より** 主人公のヨンジュンが友達のユシクに言う。「김 비서는 이미 저주에 걸렸거든. 블록버스터의 저주」（キム秘書はもう呪いにかかってるんだ。ブロックバスターの呪いに） 呪文：주문（チュームン）
迷信	**미신** ミーシン	
ぞくっとする	**소름 돋아** ソルム トダ	（直）鳥肌が立つ　（原）소름 돋다　（類）소름이 끼치다
	오싹해 オサケ	（原）오싹하다
怖い	**무서워** ムソウォ	（原）무섭다　怖い映画：무서운 영화（ムソウン ヨンファ）

⑥学校

韓国独特の教育事情も垣間見られる学園モノ。小中高大学の６・３・３・４年制は日本と同じ、でも新学年の始まりは３月！

学校	학교 ハッキョ	教室：교실（キョーシル）
生徒、学生	학생 ハㇰセン	韓国語には生徒と学生の区別がなく、全部「学生」。
幼稚園	유치원 ユチウォン	幼稚園生：유치원생
小学校	초등학교 チョドゥンハッキョ	小学生：초등학생 DS・JS（男子・女子小学生）：초딩（チョディン）
中学校	중학교 チュンハッキョ	中学生：중학생 DC・JC（男子・女子中学生）：중딩（チュンディン）
高校	고등학교 コドゥンハッキョ	高校生：고등학생 DK・JK（男子・女子高校生）：고딩（コーディン）
短大	전문대학 チョンムンデーハㇰ	２年制と３年制がある。
大学	대학교 テーハッキョ	（直）大学校　略すときは「○○大：○○대」とする。　大学生：대학생
大学院	대학원 テーハグゥオン	大学院生：대학원생　修士：석사（ソㇰサ） 博士：박사（パㇰサ）
学部	대학 テーハㇰ	ソウル大学医学部：서울대학교 의과대학（ソウルデーハッキョ ウィクァテーハㇰ） 韓国では一般的に、学部ではなく学科を尋ねることが多い。 何学科？：무슨 과야?
学科	학과 ハックァ	

学歴	학력 ハンニョク	韓国の大学トップはソウル大学。続いて高麗大学、延世大学が並び、頭文字を取ってSKYと称される。
冬休み	겨울방학 キョウルパンハク	
夏休み	여름방학 ヨルムパンハク	宿題：숙제（スクチェ）
新学期	신학기 シナッキ	(類) 새 학기 (セハッキ)
新学期のスタート	개학 ケーハク	(漢) 開学　始業式：개학식（ケーハクシク）
学級委員	반장 パンジャン	(漢) 班長
出席	출석 チュルソク	
欠席	결석 キョルソク	
入学	입학 イパク	
退学	퇴학 トゥエーハク	
卒業	졸업 チョロプ	卒業証書：졸업장
制服	교복 キョーボク	(漢) 校服　警察官やパイロットが着る制服は「제복」。

試験	시험 シホム	
大学受験	수능 スヌン	大学修学能力試験の略。日本でいう大学入学共通テストのこと。　浪人する：재수하다 浪人生：재수생　二浪：삼수
塾	학원 ハグォン	（漢）学院
家庭教師の授業	과외 クァウェ	（漢）課外　家庭教師の先生:과외교사（クァウェ キョサ）、과외선생（クァウェ ソンセン）
教科書	교과서 キョークァソ	デジタル教科書：디지털 교과서
授業	수업 スオプ	オンライン授業：온라인수업（オルラインスオプ）　遠隔授業：원격수업（ウォンギョクスオプ）
質問	질문 チルムン	答える：대답하다
予習	예습 イェースプ	復習：복습（ポクスプ）
一夜漬け	벼락치기 ピョラクチギ	
勉強してない	공부 안 했어 コンブ アネッソ	（原）공부하다
集中して	집중해 チプチュンヘ	集中力：집중력
三日坊主	작심삼일 チャクシムサミル	（漢）作心三日

⑦報道・時事用語

日韓関係、時事問題を知るには現地のニュースも見ておきたい。多くの中から特に頻出単語をピックアップ！

政府	정부 チョンブ	国民	국민 クンミン
平和	평화 ピョンファ	民主主義	민주주의 ミンジュジュイ
社会主義	사회주의 サフェジュイ	共産主義	공산주의 コンサンジュイ
選挙	선거 ソンゴ	支持率	지지율 チジユル
人口	인구 イング	クーデター	쿠데타 クデター
デモ	시위 シーウィ	ロウソク集会	촛불집회 チョップル チペ
辞任	사퇴 サトゥェ	（漢）辞退　地位や役職から退いたり辞任したりすること。漢字は同じだが、日本語の「辞退＝遠慮して断ること」とは違う。	
ゴシップ	찌라시 チラシ	証券業界や芸能界で使われ、ゴシップのことを指す。日本語の「チラシ」にあたる語は전단지（チョンダンジ）という。	
一級機密	X파일 エクスパイル	（直）Xファイル　政治家にも芸能人にも使える。	
妄言（もうげん）	망언 マンオン	日本を報道するときによく使われる言葉。産経新聞の黒田勝弘さんは韓国で「妄言製造機：망언제조기」と呼ばれて人気者（!?）。	
マスコミ操作	언플 オンプル	언론 플레이（オルロン プレイ）＝言論PLAYの略。有名人などが自分たちに有利になるようマスコミを導くこと。	

セクハラ	성희롱 ソンヒロン	（漢）性戯弄　パワハラは「갑질」と言い、強い立場の「甲」が弱い立場の人にする不快な行為の意。
自殺	극단적인 선택 ククタンチョギン ソンテク	（直）極端的な選択　（同）自殺：자살　最近は故人に配慮し、報道では「自殺」という単語を避けるようになった。
ミートゥー	미투 ミトゥー	セクハラを告発する運動。#Me Too
不法風俗店	퇴폐업소 テーペオプソ	（漢）頽廃業所　違法風俗。主に性を売る場所。
	귀파방 クィパバン	（直）耳かき部屋　新種の不法性行為を行う店。耳かき専門店のようだが実情は性行為を行なっている。
運動圏	운동권 ウンドンクォン	かつて民主化運動など社会的運動に積極的に参加した人たちのこと。韓国では進歩陣営を指す。
市民団体	시민단체 シミン ダンチェ	どちらかというとよいイメージは少ないかもしれないが、きちんとした市民団体もある。
積弊の清算	적폐청산 チョクペ チョンサン	旧体制の弊害を清算すること。文在寅政権が推し進める政策の一つ。
ブラックアウト（記憶喪失）	블랙아웃 プルレッガウッ	2021年４月、漢江で死亡した医大生（漢江・医大生事件）と直前まで一緒にいた友人が８時間のブラックアウトを主張したことから、いまや国民的な単語に。 決定的証拠：스모킹건
父親の恩恵	아빠찬스 アッパチャンス	（直）お父さんのチャンス　（類）母親の恩恵：엄마찬스（オムマチャンス） 日本語の「七光り」に近いが必ずしも悪い意味では使われない。「딸 대학원입학 아빠찬스」（娘が大学院入学、父親の七光り）のように新聞の見出しにも頻出。

⑧ K-POP、韓流

初心者向けのオタ活用語。K－POPファンならすでに知っている単語も多そうですが、おさらいしておくことに……。

推し	최애 チェーエ	（直）最愛
二番目の推し	차애 チャエ	（漢）次愛
息が止まりそうなほどカッコいいメンバー	숨멎멤버 スムモッメムボ	숨이 멎을 정도의 멤버（スミ モジュル チョンドエ メンボ）＝息が止まりそうなほどのメンバーの略。
末っ子	막내 マンネ	グループの中でいちばん若いメンバー
ビジュアル担当	비담 ピダム	비주얼 담당（ビジュオル タムダン）の略。
ファン	팬 ペン	
ファンダム	팬덤 ペンドム	ファンの集団。ファンの世界。
ストーカー的ファン	사생팬 サセンペン	（直）私生ファン　私生活まで追う過激なファン。
ファンでない一般の人	머글 モグル	
渡り鳥	철새 チョルセ	はやっているアイドルを渡り歩く人。好きなアイドルがコロコロ変わる人。
誹謗中傷（ひぼうちゅうしょう）のコメント	악플 アクプル	악＝悪＋플＝reply　악플を書き込む人：악플러（アクプルロ）

大人気	대세 テーセー	流行、旬という意味でも使う。 最近人気のガールズグループは誰ですか？：요즘 대세 걸그룹이 누구죠?（ヨジュㇺ デーセー ゴルグルビ ヌグジョ）
人気だね	잘 나가네 チャㇽ ナガネ	（原）잘 나가다　人気のアイドル：잘 나가는 아이돌　**●日本の漫画『イケてる2人』**の韓国の題名は『잘 나가는 두 사람』。
人気のある人	인기 있는 사람 インッキ インヌン サラㇺ	
応援	응원 ウンウォン	
新曲	신곡 シンゴㇰ	
公式ホームページ	공홈 コンホㇺ	공식 홈페이지（コンシㇰ ホㇺペイジ）の略。
公式カフェ	공카 コンカ	공식 카페（コンシㇰ カペ）の略。カフェとはファンの集まるコミュニティサイト。
コンサート	콘서트 コンソトゥ	（類）공연
ヒップホップ	힙합 ヒッパㇷ゚	
バラード	발라드 バルラドゥ	
ロック	록 ロㇰ	

トロット (韓国演歌)	트로트 トゥロトゥ	
ミュージカル	뮤지컬 ミュジコル	
演劇	연극 ヨングク	
映画	영화 ヨンファ	
前売り	예매 イェーメー	
ダフ屋	플미충 プルミチュン	프리미엄(プレミアム)+충(虫)の略。
払い戻し	환불 ファンブル	
コンサートグッズ	콘서트 굿즈 コンソトゥ グッジュ	応援棒:응원봉(ウンウォンボン) ペンライト:야광봉(ヤグァンボン) バッジ:배지(ベジ) ポスター:포스터(ポストー) うちわ:부채(プチェ) カチューシャ:머리띠(モリティ) Tシャツ:티셔츠(ティショチュ)
並んでください	줄 서 주세요 チュル ソ ジュセヨ	(原)줄을 서다
立ちますか?	일어설까요? イロソルカヨ	(原)일어서다
座りましょう	앉읍시다 アンジュプシダ	(原)앉다(アンタ)

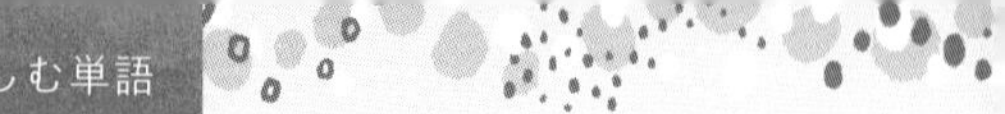

入場します	입장합니다 イプチャンハムニダ	(原) 입장하다
視聴率	시청률 シーチョンニュル	瞬間視聴率：순간 시청률（スンガン シーチョンニュル）
再放送	재방송 チェーバンソン	
初回放送を見逃さずに見る	본방사수 ポンバン サス	本放死守＝本放送死守　視聴率を上げるため。
トンデモ展開ドラマ	막장드라마 マクチャン ドゥラマ	日本の昼ドラのようなもの。韓国では毎朝または毎晩放送される「일일드라마（イリル ドゥラマ）：帯ドラマ」に多い。
ドラマの恋愛要素	러브라인 ロブライン	ドラマにおける登場人物たちの恋愛関係。
主演女優	여주 ヨジュ	여자 주인공　劇中の役柄を表すときは「女性主人公」。
ネタバレ	스포 スポ	스포일러（スポイルロ）の略。

K-POP オタ活用語

オタク	오덕 オドク	日本語の「オタク」を韓国式に発音した「오덕후（オドクフ）」の略。덕후（ドクフ）ともいう
オタ活	덕질 トクチル	덕후질（ドクフジル）の略。
オタクになること	입덕 イプトク	입（入）＋덕후（ドクフ）の合成語。オタ活に入門すること。

KPOP オタ活用語

オタ活の一時休止	휴덕 ヒュドゥ	好きなアイドルが兵役に就いたり主に海外活動をしたりするときに休むこと。
オタクを告白すること	덕밍아웃 トンミンアウッ	덕후（ドゥフ）＋커밍아웃（コミンアウッ＝カミングアウト）の合成語。
超オタク	십덕 シプトゥ	（直）10オタク　십（10＝シプ）덕후（トゥフ）の略。　오덕후の「오」は数字5と同じ発音。5덕후＋5덕후＝10덕후。5덕후ほどでもない段階は삼덕후（サムドゥフ＝3덕후）という。
	씹덕 シプトゥ	（直）クソオタク　씹덕후（シプトゥフ）の略。「십덕」を強調した言葉。 「씹」は「씨발」という暴言が語源、女性の性器「씹」が付いているので、オタクへの侮蔑が込められている。 ただ最近では「씹덕」が「萌え～」のような気持ちを指すことも多く「씹덕사」（シプトゥ＋死）は「キュン死」のように使われる。
突然オタクになること	덕통사고 トゥトンサゴ	덕후（オタ）＋교통사고（交通事故）の合成語。交通事故のように何らかのきっかけで急にオタクになること。
ファンとして成功した人	성덕 ソンドゥ	성공한 덕후（ソンゴンハン ドゥフ＝成功したオタク）の略。芸能人に顔を覚えてもらったりサインをもらったり、追っかけをしてるうちに歌手になったりしたファン。
事前収録	사녹 サノゥ	K-POPファンの間ではカタカナの「サノク」でも通じる。
オタ卒	탈덕 タルトゥ	脱＋オタク。

⑨時代劇

時代劇のセリフの特徴はお決まりフレーズの繰り返し。ふだん使いして、チングを驚かせてみたい！

王様	임금님 イムグムニム	「임금（王）」には「님（様）」を付けて呼ぶ。
主上	주상 チュサン	（直）主上　庶民は王を「임금님」と呼ぶが、高い地位にある上王（生きている先代の王）や、その他の大王大妃や大妃などは「主上（チュサン）」と呼ぶ。
中殿	중전 チュンジョン	王の妻。「王妃」の尊敬語。
王大妃	왕대비 ワンデービ	先代の王妃
大王大妃	대왕대비 テーワンデービ	先々代の王妃
世子	세자 セージャ	王太子 **●ドラマ『雲が描いた月明り』より** 主人公である世子は王に説得されて、こう答える。「세자가 되는 것은 선택할 수 없었지요. 하지만 어떤 세자가 되는가는 제 마음 아니겠습니까」（世子になるかどうかは選択できません。でも、どんな世子になるかは自分次第ではありませんか）
公主	공주 コンジュ	王妃の娘。王女。姫。
○○様	마마 マーマー	（漢）媽媽　王とその家族の称号の後ろに付ける尊称。
大逆罪	대역죄 テーヨㇰチェ	国家や社会の秩序を乱す事件を起こした罪。 大逆罪人＝大逆罪を犯した罪人。

お決まりフレーズ

こちらへ来なさい	이리 오너라 イリ オノラ	
お連れしなさい	뫼시어라 メーシオラ	
お呼びに なられましたか	부르셨사옵니까 プルショッサオムニカ	(原) 부르다 (呼ぶ)
私はこれにて 失礼いたします	저는 이만 물러나겠습니다 チョヌン イマン ムルロナゲッスムニダ	이만 (イマン) =これにて 물러나다 (ムルロナダ) =下がって出ていく
そのとおりで ございます	옳으신 말씀입니다 オルシン マルスミムニダ	
とんでも ございません	당치 않사옵니다 タンチ アンサオムニダ	당치도 않다 (タンチド アンタ) =とんでもない
恐れ入ります	성은이 망극하옵니다 ソーンウニ マングッカオムニダ	성은 (ソンウン) : 聖恩=王様の恩　망극하다=恩が限りない
恐れ入りますが	아뢰옵기 황공하오나 アレオプキ ファンゴンハオナ	아뢰다 (アレダ) =申し上げる　황공하다 (フォンゴンハダ) =恐れ多い
お聞き入れ ください	통촉하여 주시옵소서 トーンチョッカヨジュシオプソソ	통촉 : 了察の敬語
お許し くださいませ	저를 죽여 주시옵소서 チョルル チュギョジュシオプソソ	(直) 私を殺してください 状況によっては直訳で訳出することも。
お慶び 申し上げます	감축드리옵니다 カムチュクトゥリオムニダ	감축 : 感祝=慶事を祝うこと　王妃がみごもったときなどによく使われる。
もってのほかで ございます	아니되옵니다 アニデオムニダ	

お決まりフレーズ

先のことをお考えください	먼 앞을 내다보십시오 モーン アプル ネダボシプシオ	(直) 遠い未来を見通してください。
なぜやたらなことをおっしゃるのですか	어찌 함부로 혀를 놀리십니까 オッチ ハムブロ ヒョルル ノルリシムニカ	口に出す：혀를 놀리다(ヒョルル ノルリダ)
下賤(げせん)な私にはよくわかりません	미천한 저는 잘 모릅니다 ミチョナン チョヌン チャル モルムニダ	미천한 저：自分をいやしめるときに使う枕言葉。
罪を免(まぬが)れないでしょう	죄를 면치 못할 것입니다 チェールル ミョーンチ モッタル コシムニダ	
引っとらえろ	붙잡아라 プッチャバラ	(原) 붙잡다：捕まえる (類) 잡다 (チャプタ) は붙잡다より弱い。

国名

韓国	伽耶	가야 カヤ	中国	周	주나라 チュナラ
	百済	백제 ペクチェ		漢	한나라 ハンナラ
	高句麗	고구려 コグリョ		隋	수나라 スナラ
	新羅	신라 シルラ		唐	당나라 タンナラ
	高麗	고려 コリョ		宋	송나라 ソンナラ
	朝鮮	조선 チョソン		元	원나라 ウォンナラ
日本	倭	왜 ウェ		明	명나라 ミョンナラ
				清	청나라 チョンナラ

中国周辺	女真族（じょしん）	여진족 ヨジンジョク	東部満洲に住んでいたツングース系民族。昔はモンゴルと女真族を区別せずに오랑캐（オランケ：野蛮な侵略者）と呼んでいた。
	契丹族（きったん）	거란족 コランジョク	４世紀から14世紀、モンゴル高原東部で活動した遊牧狩猟民族。800年間、北東アジアで躍動した勇猛な騎馬戦士たち。
	モンゴル	몽골 モンゴル	

ヨントンで使いたい韓国語

ヨントン（영통）は「영상통화」（映像通話）の略。メッセージを書いたボードを準備、画面越しに推しへの想いを伝えてみて！

簡単なひと言

イケメンです：잘 생겼어요（チャル センギョッソヨ）

本当にカッコいいです：진짜 멋있어요（チンチャ モシッソヨ）

すごくかわいいです：완전 귀여워요（ワンジョン クィヨウォヨ）

【例文】

「○○がいいですね」

○○가/이 좋아요（○○ガ／イ チョアヨ）

声：목소리（モクソリ）　笑顔：미소（ミソ）体型：몸매（モムメ）

ボードに書きたい韓国語

●応援の言葉

私の王子様：내 왕자님（ネ ワンジャニム）

愛してる：사랑해（サランヘ）

応援してます：응원하고 있어요（ウンウォンハゴ イッソヨ）

いつもそばにいてあげる：언제나 곁에 있어 줄게（オンジェナ キョッテ イッソジュルケ）

あなたがいちばんです：당신이 최고예요（タンシニ チェーゴエヨ）

●お願い系の言葉

名前を呼んでください：이름 불러주세요（イルム プルロジュセヨ）

歌を歌ってください：노래 불러주세요（ノレ プルロ ジュセヨ）

愛の告白をしてください：사랑 고백해주세요（サラン コベッケジュセヨ）

ウインクしてください：윙크 해주세요（ウィンク ヘジュセヨ）

チューしてください：뽀뽀 해주세요（ポッポ ヘジュセヨ）

指ハート作ってください：손가락 하트 해주세요（ソンカラク ハート ヘジュセヨ）

愛嬌（かわいい姿）が見たいです：애교 보고 싶어요（エーギョ ポゴ シポヨ）

じゃんけんぽん！：가위바위보（カウィバウィボ）

一度だけやってください：한 번만 해주세요（ハンボンマン ヘジュセヨ）

Lesson 6

美容・コスメ・ダイエットの単語

コリアンビューティーを語るのに欠かせない単語や表現。話題のユーチューブを観ながらだとイメージもわきやすそう！

①体の部位

基礎単語の中でも体の部位は頻出。一気に全部覚えるのは難しいので、まずは顔のパーツだけでも覚えておきたい。

体	몸 モム	ナイスバディ：몸짱（モムチャン）男女ともに使われる。ある程度筋肉もついていないとこう呼ばれない。
頭	머리 モリ	天然パーマ：곱슬머리　おかっぱ：단발머리
髪の毛	머리카락 モリカラㇰ	円形脱毛症：원형탈모증　髪の毛がよく抜けます：머리카락이 자꾸 빠져요
顔	얼굴 オルグル	完全に顔がタイプです：얼굴 완전 내 취향이에요
額	이마 イマ	
目	눈 ヌン	まゆげ：눈썹（ヌンソㇷ゚）　まつげ：속눈썹（ソンヌンソㇷ゚）　目やに：눈곱（ヌンコㇷ゚）
鼻	코 コ	鼻水：콧물（コンムㇽ）　鼻くそ：코딱지（コッタㇰチ）
口	입 イㇷ゚	食が細いです：입이 짧아요　口裏を合わせよう：입을 맞추자＝口づけしようという意味もある。
唇	입술 イㇷ゚スル	ぷっくり唇：졸리 입술（アンジェリーナ・ジョリーの唇）　あひる口：오리 입술
首	목 モㇰ	「のど」の意味もある。のどあめ：목캔디 のどが痛い：목이 아파　のどが渇いた：목이 말라（韓国語では現在形）。
肩	어깨 オッケ	肩が凝る：어깨가 뭉치다（オッケガムンチダ）

鎖骨	쇄골 ソェーゴル	
腕	팔 パル	私はその人の右腕です：그 사람은 내 오른팔이야
脇	겨드랑이 キョドゥランイ	脇毛：겨드랑이털（キョドゥランイトル）
ひじ	팔꿈치 パルクムチ	
手	손 ソン	手のひら：손바닥（ソンパダク） 手の甲：손등（ソンドゥン） 手首：손목（ソンモク）
手の指	손가락 ソンカラク	手の爪：손톱（ソントプ）
背中	등 トゥン	背中を流して：내 등 좀 밀어줘 後ろから誰かが私の背中を押した：뒤에서 누군가 내 등을 밀었어
胸	가슴 カスム	胸が小さくて悩んでます：가슴이 너무 작아서 고민이에요
心臓	심장 シムジャン	腎臓：신장（シンジャン）と発音が似ているので注意。 「사랑은 이 심장에 새기지 말고 머리에 새겨라. 여기 새기면 아파서 못 살아」（愛は胸ではなくて頭に刻みつけるのよ。胸に刻みつけたら、つらくて生きられないわ）
おなか	배 ペ	（同音異義語）梨　おなかの肉：뱃살

おへそ	배꼽 ペッコプ	
腰	허리 ホリ	
お尻	엉덩이 オンドンイ	**●ドラマ『キム秘書はいったい、なぜ?』より** 秘書のミソが後任の秘書に残したメッセージ。「입은 무겁게 엉덩이는 가볍게」(口は重く、腰は軽く) 엉덩이は「尻」だが日本語では「腰」に。
脚	다리 タリ	(同音異義語) 다리:橋
ひざ	무릎 ムルプ	
太もも	허벅지 ホボクチ	いい太もも:꿀벅지 (クルボクチ) いい具合に肉づきがあって弾力がある太もものこと。
ふくらはぎ	종아리 チョンアリ	
足	발 パル	足の裏:발바닥 (パルパダク) 足の甲:발등 (パルトゥン) 足首:발목 (パルモク)
かかと	발꿈치 パルクムチ	
足の指	발가락 パルカラク	足の指:발톱 (パルトプ)
つま先	발끝 パルクッ	頭からつま先まで愛しい:머리부터 발끝까지 사랑스러워

②コスメ・スキンケア

メイク好きの女性なら必須の単語ばかり。コスメを買うとき、サンプルをもらったときにも役立つはず！

スキンケア

基礎化粧品	기초화장품 キチョ ファジャンプム	日本よりも基礎化粧品の種類が細かく分かれている。
化粧水	스킨 スキン	スキン
	토너 トノ	トナー
乳液	로션 ロション	日本では「ローション」は化粧水だが、韓国では乳液なので注意。
エマルジョン	에멀전 エモルジョン	
クリーム	수분크림 スブンクリム	(直) 水分クリーム　保湿のためのクリーム
	미백크림 ミベックリム	(直) 美白クリーム
美容液	에센스 エセンス	エッセンス
	세럼 セーロム	セラム
	앰플 エムプル	アンプル　成分の濃度が濃い美容液
洗顔フォーム	클렌징폼 クルレンジンポム	(類)「폼 클렌징 (ポム クレンジン)」「폼 (ポム)」が入っている単語は洗顔フォーム。

スキンケア

クレンジング	클렌징젤 クルレンジンジェル	（類）클렌징 워터（クルレンジン ウォトー） 클렌징 크림（クルレンジン クリム）
日焼け止め	선크림 ソンクリム	紫外線遮断剤：차외선 차단제（チャウェソン チャダンジェ）ともいう。正しくはないが「썬크림」と書くことも。
機能性化粧品	기능성 화장품 キヌンソン ファジャンプム	
スージングジェル	수딩젤 スディンジェル	水分を素早く供給し、お肌を落ち着かせるジェル。

メイク用語

メイクアップ化粧品	색조 화장품 セクチョ ファジャンプム	（漢）色調化粧品
ファンデ	파데 パデ	파운데이션（パウンデイション）の略。 クッションファンデ：쿠션파데（クションパデ） ファンデーションを塗る：파운데이션을 바르다 厚く：두껍게（トゥッコプケ） 薄く：얇게（ヤルケ）
リップ	립스틱 リップスティク	リップバーム：립밤（リップバム）
ブラシ	브러쉬 ブロシュイ	
アイメイク	눈화장 ヌナジャン	

まぶた	눈꺼풀 ヌンコプル	一重まぶた：무쌍（ムッサン）
二重まぶた	쌍꺼풀 サンコプル	二重の手術：쌍수（サンス）
奥二重	속쌍 ソクサン	속쌍꺼풀（ソクサンコプル）の略。
エクステ	속눈썹 연장 ソンヌンソプ ヨンジャン	
目の周り	눈가 ヌンカ	パンダ目：팬더눈（ペンドヌン） 涙袋：애교살（エーギョサル）
すっぴん	생얼 センオル	（類）민낯（ミンナッ）
肌	피부 ピブ	（漢）皮膚 角質：각질（カクチル） 毛穴：모공（モゴン）（漢）毛孔
非対称	비대칭 ピデーチン	
持続力	지속력 チソンニョク	
塗り心地	발림성 パルリムソン	
きめ細かい	촘촘해 チョムチョメ	（原）촘촘하다
化粧の ノリがいい	화장 잘 먹어 ファジャン チャル モゴ	ノリが悪い：화장 잘 안 먹어

メイク用語

さらっとしてる	뽀송해 ポソンへ	(原) 뽀송하다
しっとりしてる	촉촉해 チョㇰチョケ	(原) 촉촉하다
ナチュラルに	자연스럽게 チャヨンスロプケ	(原) 자연스럽다
にじまないように	안 번지도록 アン ボンジドロㇰ	(原) 번지다

肌トラブル

しみ	기미 キミ	しわ：주름 (チュルㇺ)
そばかす	주근깨 チュグンケ	
ニキビ	여드름 ヨドゥルㇺ	
ほうれい線	팔자 パルチャ	팔자 주름 (パルチャ ジュルㇺ) ともいう。
粘膜	점막 チョㇺマㇰ	目のきわの、まつげとまつげの間の部分。まつげが濃いと粘膜がない人もいる。
乾燥肌	건성피부 コンソンピブ	脂性肌。 지성피부 (チソン ピブ)
敏感肌	민감성피부 ミンガㇺソンピブ	普通肌。 정상피부 (チョンサン ピブ)

③色

意外とよく使う「色」を表す単語。日常生活で使うならこれだけ覚えておけば、まずはOK！

赤	빨간색 パルガンセク	黄緑	연두색 ヨンドゥセク
白	하얀색 ハヤンセク	青	파란색 パランセク
黒	까만색 カマンセク 검은색 コムンセク	水色	하늘색 ハヌルセク
黄	노란색 ノーランセク	ネイビー	네이비 ネイビ
緑	초록색 チョロクセク	紫	보라색 ポラセク
ピンク	분홍색 ブノンセク	茶色	갈색 カルセク
オレンジ	주황색 チュファンセク	栗色・こげ茶	밤색 バームセク

④容姿

いちばんよく使う言葉は「귀여워」（かわいい）と「예뻐요」（きれいです）。この2つさえ覚えておけば推しにも叫べる！

かわいい	귀여워 クィヨウォ	（原）귀엽다
かわいい子	귀요미 クィーヨミ	귀엽다→귀염（名詞形）＋～이（～な人）→귀요미に。
きれいです	예뻐요 イェッポヨ	（原）예쁘다
童顔	동안 トンアン	
イケメン	꽃미남 コンミナム	（直）花美男　（類）彫刻美男：조각미남（チョガンミナム）＝彫刻のように彫りの深いイケメン。
イケメンですね	미남이시네요 ミナミシネヨ	（直）美男ですね **●ドラマ『美男＜イケメン＞ですね』**の原題は「미남이시네요」。
超美人、超イケメン	얼짱 オルチャン	얼굴（顔）＋짱（最高）で「顔が最高」の意味。
カッコいいですね	멋지네요 モッチネヨ	（原）멋지다
ハンサムだ	잘생겼다 チャル センギョッタ	（原）잘생기다　（直）顔が整っている女性にも使えるが、主に男性に用いる。常に過去形。
	핸섬해 ヘンソメ	（原）핸섬하다　英語の「ハンサム」。
外見至上主義	외모지상주의 ウェーモ ジサン ジュイ	ルッキズム：루키즘（ルキジュム）

癒やし系女子	훈녀 フンニョ	훈남の女性版。
癒やし系男子	훈남 フンナム	훈훈한 남자（フヌナン ナムジャ）＝温かい男子の略。癒やされる感じの優しそうな雰囲気を持ったイケメン。
ブサイクだ	못 생겼어 モッセンギョッソ	（原）못 생기다
超ブサイク	얼빵 オルパン	얼굴（顔）＋빵（0点）で「顔が0点」。
ダサい	촌스러워 チョンスロウォ	（原）촌스럽다 「촌」は「村」。
目の保養になったよ	눈 호강했어 ヌノガンヘッソ	（原）눈 호강하다
若く見えますね	젊어 보이세요 チョルモ ボイセヨ	（原）젊어 보이다
ハゲ	대머리 テモリ	韓国には「공짜 좋아하면 대머리 된다（コンチャ チョアハミョン テモリガ テンダ）」（タダが好きだとハゲになる）という言葉がある。無料が好きなことへの警告の意味が含まれている模様。
太っちょ	뚱땡이 トゥンテンイ	
太ってるね	뚱뚱해 トゥントゥンヘ	（原）뚱뚱하다
太りました	살이 쪘어요 サリ チョッソヨ	（原）살이 찌다 太らない：살이 안 찌다 激太り：확찐자

体格がいいね	체격이 좋네 チェギョギ チョンネ	
図体が大きい	덩치가 커 トンチガ コ	(原) 덩치가 크다
痩せている	말랐어 マルラッソ	(原) 마르다
痩せこけてる	비쩍 말랐어요 ピッチョン マルラッソヨ	(原) 비쩍 마르다
痩せましたね	살이 빠졌네요 サリ パジョンネヨ	(原) 살이 빠지다 激やせ：확뺀자
体型維持	몸매 관리 モムメ グァルリ	몸매：スタイル＋관리：管理
体重	몸무게 モムムゲ	体重を維持する：몸무게를 유지하다
短足	숏다리 ショッタリ	short＋다리（脚）
ダイエット食品	다이어트식품 タイオット シクプム	ダイエットをする：다이어트를 하다
食生活	식습관 シクスプクァン	

⑤ヘア&アクセサリー

かわいいプチプラアクセを買うのはソウルでの楽しみのひとつ！
覚えておいて、いつかまた現地に行ったら使ってみよう！

①
ピアス
귀걸이
クィゴリ
イヤリングとピアスの総称。
普通はピアスを指す。
ピアスを開ける：귀를 뚫다
(クィルル トゥルタ)

②
イヤリング
귀찌
クィッチ

③
ネックレス
목걸이
モッコリ

④
髪を結んで
머리 묶어
モリ ムッコ
(原) 머리를 묶다

⑤
お団子ヘア
똥머리
トンモリ

⑥
ヘアゴム
머리끈
モリクン

⑦
ヘアピン
머리핀
モリピン

⑧
シュシュ
곱창 머리끈
コプチャン モリクン

⑨
ヘアクリップ
집게핀
チプケピン

⑥美容系YouTuberのビューティー用語

美容系の動画にはビューティー専門用語が多くて混乱しがち。これだけ覚えておけば、話題にだいたいついていけそう。

美容系ユーチューバー	뷰튜버 ビューテューボー	
まとめ買いレビュー	하울 ハウル	英語「haul」に由来。提供されたものではなく、自分でコスメをたくさん買ってレビューすること。ハウル映像：하울영상(ハウリョンサン) お店に行ってまとめ買いレビューしたい：매장 가서 하울하고 싶어（メージャン カソ ハウラゴ シッポ）
買いたい衝動	뽐뿌 ポムプ	ポンプを押すように買いたい欲求がずっと起こり続けること。 買いたくなったらすぐに決済：뽐뿌가 오면 바로 결제（ポムプガ オミョン パロ キョルチェ）
リピ買い決定コスメ	공병템 コンビョンテム	（直）空瓶テム　空になるまで使う製品。
底見えコスメ	힛팬 ヒッペン	底が見えるほど使い切った。化粧品をオススメするときに使う用語。
めちゃ好きな製品	존좋템 チョンジョッテム	最高にいい、と人に勧められるほど好きな製品のこと。
私と一緒に準備しよう	GRWM ジーアルダブリュエム	英語「Get Ready With Me」の略。出かける準備を撮った動画。メイクやヘアアレンジ、服選びなどおしゃれの過程を楽しむコンテンツ。

クレンジング オイル	클오 クロ	클렌징 오일の略。
拭き取り化粧水	닦토 タクト	拭いて使うトナー：닦아쓰는 토너の略。コットンに含ませて拭き取る化粧水。化粧水を塗る前にお肌のキメを整える。
しみこみ化粧水	흡토 フプト	吸収させるトナー：흡수시키는 토너の略。
コスメ シューテカル	코스메슈티컬 コスメシュティコル	化粧品（Cosmetic）と医薬品（Pharmaceutical）の合成語。医学的に検証された成分を含むコスメ。
コントゥアリング	컨투어링 コントゥオリン	顔の輪郭を生かして立体感を引き立てるメイク。コンシーラーや明るいファンデを使って顔を補正する。
ストロービング	스트로빙 ストゥロビン	ストロボ（フラッシュ）を当てたかのように、ハイライトを使って立体感を出すメイク。
ノンコメド ジェニック	논코메도제닉 ノンコメドジェニック	non-comedogenic　毛穴を詰まらせない効果あり。
グリッター	글리터 クルリトー	ラメの中でも大きな粒子が入った、よりキラキラして華やかな質感。
グロス	글로스 グルロス	つやつや感。
シアー	쉬어 シュイオ	透明感がある。
シマー	쉬머 シュイモ	上品なつや感。

スパークリング	스파클링 スパークルリン	パール感が華やかでキラキラした感じ。
マット	매트 メトゥ	光沢やつやがまったくなくぺたっとした感じ。
水分不足型脂性肌	수부지 スブジ	수분 부족형 지성 피부（スブン ブジョッキョン チソン ピブ）
クリーズ現象	크리즈현상 クリジュヒョンサン	目のしわや二重にアイシャドウが挟まること。
白浮き現象	백탁현상 ペクタク ヒョンサン	顔が白く浮く現象。
ダークニング現象	다크닝현상 タークニン ヒョンサン	時間がたつとお肌が暗くなる現象。
ダーマ化粧品	더마화장품 トマ ファジャンプン	皮膚科学（Dermatology）と化粧品（Cosmetic）の合成語。皮膚科学をベースに治療を目的にした機能性化粧品。
ヨープレイト現象	요플레현상 ヨプルレ ヒョンサン	リップを塗ったとき、唇の内側あたりに白い角質が出る現象。リップグロスを塗ったときに現れやすい。 ヨープレイト（ヨーグルトのブランド名）は韓国では「ヨプルレ」と呼ぶ。
コスパがいい	저렴이 チョリョミ	「Get it beauty」というチャンネルで有名になった言葉。安くてコスパのいい製品。ブランド製品のコピーという意味でも使われる。
高級品	고렴이 コリョミ	ブランド製品など価格の高いもの。저렴이の反対語として作られた言葉。

Lesson 7

\ 食べる＆飲むを / 楽しむ単語

韓国発の料理やスイーツが日本にも続々と上陸中。韓国を知るためには〝食〟は必須のキーワード！

①カフェ

韓国人はカフェ好き！ ソウルにはたくさんのカフェがあります。現地に行ったらぜひカフェめぐりを楽しんで！

カフェ	카페 カペ	
コーヒーショップ	커피숍 コピショプ	コーヒー専門店：커피전문점
喫茶店	다방 タバン	（漢）茶房　携帯電話が普及していなかった80年代～2000年初めまでは、待ち合わせ場所の主流だった。
飲み物	음료수 ウムニョス	（漢）飲料水　水やジュース、コーラなどのソフトドリンクを指す。
コーヒー	커피 コピ	インスタントコーヒーに砂糖とミルクをたっぷり入れたものは、俗に「다방커피（タバンコピ）」と呼ばれる。
カフェラテ	카페라떼 カペラテ	ショットを追加してください：샷 추가해 주세요　砂糖を入れないでください：설탕 넣지 마세요
アメリカーノ	아메리카노 アメリカーノ	アイスアメリカーノは「아아」、ホットアメリカーノは「따아」と略される。韓国の20~30代は아아が大好き。
MCTオイルコーヒー	방탄커피 パンタンコピ	ヒップホップ歌手グループ「BTS」の韓国名は「방탄소년단」（防弾少年団）だが、このコーヒーとは無関係。コーヒーと無塩バター、MCTオイルを入れたコーヒー。
ダルゴナコーヒー	달고나커피 タルゴナコピ	ミルクの上にホイップしたインスタントコーヒーをのせた飲み物。コーヒーを1000回かき混ぜる作り方が流行。

アイス	차가운 것 チャガウン ゴッ	氷：얼음（オルム）
マグカップ	머그잔 モグジャン	カップで差し上げますか？：머그잔으로 드려요?（モグジャヌロ ドゥリョヨ？）
テイクアウトカップ	일회용컵 イレヨンコプ	１回用（使い捨て）：일회용（イレヨン）
紙コップ	종이컵 チョンイコプ	
シロップ	시럽 シロプ	カフェにはシロップが置かれているが、手の消毒ジェルと色・形が似ていて、間違える人がよくいるので注意。
砂糖	설탕 ソルタン	（漢）雪糖　（類）角砂糖：각설탕（カクソルタン）　黒砂糖：흑설탕（フクソルタン）
サイズ	사이즈 サイジュ	カフェによって呼び方や容量が異なる。スタバのトール（톨）はコーヒービーンのスモール（스몰）と同じくらい。
ワッフル	와플 ワプル	最近のはやりはクロッフル：크로플（クロプル）。クロワッサン：크루아상とワッフルの合成語。城東区・金湖（クモ）洞にある（地下鉄３号線金湖駅）カフェ「아우프글렛（アウプグルレット）」が発祥の地。
ケーキ	케이크 ケイク	
ウェイティングリスト	웨이팅리스트 ウェイティンニストゥ	

テイクアウトですか？

가져가실 거예요?

カジョガシル コエヨ

（直）お持ち帰りですか？

（店内で）召し上がりますか？

드시고 가세요?

トゥシゴ ガセヨ

드시다＝召し上がる

お茶しよう

차 마시자

チャ マシジャ

日本と同様、お茶だけでなくコーヒーを飲むときにも使える。

韓国にあるコーヒーチェーン

スターバックス	스타벅스 略して 스벅 スターボックス　スボク 韓国式の呼び方 별다방 ピョルタバン＝星喫茶	
コーヒービーン	커피빈 コピビン 韓国式の呼び方 콩다방 コンダバン＝豆喫茶	
エンジェリナス	엔제리너스 エンジェリノス 韓国式の呼び方 천사다방 チョンサ ダバン＝天使喫茶	
トムアンドトムズ	탐앤탐스 タメンタムス 韓国式の呼び方 탐탐 タムタム	
トゥーサムプレイス	투썸 플레이스 トゥーソム プルレイス 韓国式の呼び方 투썸 トゥーソム	

②食事

食事（식사 シㇰサ）に関する単語を使って、ネイティブっぽく注文したり、店員さんとのコミュニケーションにも挑戦してみて！

グルメ	미식가 ミシッカ	●**日本のドラマ『孤独のグルメ』**の韓国語版タイトルは『고독한 미식가』（コドカン ミシッカ）。
おいしい店	맛집 マッチㇷ゚	「맛있는 집」を略した形の新造語。この場合の「집」は「家」ではなく「店」という意味。
食堂	식당 シㇰタン	「레스토랑」（レストラン）は高級な料理やサービスを提供する店を指す。 ミシュランレストラン：미쉐린 레스토랑
屋台	포차 ポチャ	「포장마차（ポジャンマチャ）」の略語。最近は屋台の雰囲気を味わえる屋内の居酒屋を「ポチャ」と呼ぶことも。 ●**『梨泰院クラス』**の主人公セロイが最初に作った飲食店「タンバム」は屋内ポチャスタイル。
食べ放題／飲み放題	무한리필 ムハンリピㇽ	リフィル（詰め替え）：리필　無限にリフィルできるという意味。ここ数年、飲み放題、食べ放題がはやっている。 ビール飲み放題：맥주 무한리필　サムギョプサル食べ放題： 삼겹살 무한리필
おしぼり	물수건 ムㇽスゴン	ウエットティッシュ：물티슈（ムㇽティシュ）最近は「물수건」よりも「물티슈」のほうが衛生的だと言われて主流に。
皿	접시 チョㇷ゚シ	取り皿（平らな皿）：앞접시（アㇷ゚チョㇷ゚シ）　深い器：그릇（クルッ）
箸	젓가락 チョッカラㇰ	割り箸：나무젓가락（ナムジョッカラㇰ）

スプーン	숟가락 スッカラㇰ	(丁) 수저 (スジョ) もともと「수저」はスプーンとお箸のセットのこと。 **【人の階級にたとえた表現】** ●金のスプーン：금수저 (クㇺスジョ) ＝非常に裕福な家庭 ●銀のスプーン：은수저 (ウンスジョ) ＝平均より裕福な家庭 ●銅のスプーン：동수저 (トンスジョ) ＝中流家庭 ●泥のスプーン：흙수저 (フㇰスジョ) ＝貧しい家庭
ごはん	밥 パㇷ゚	食堂で注文するときは「空の器に入れたごはん：공기밥 (コンギパㇷ゚)」と伝えるのが一般的。
おかず	반찬 パンチャン	「밑반찬」は常備菜。 おかずをもっとください：반찬 더 주세요 (パンチャント ジュセヨ) キムチ：김치 ナムル：나물
野菜	야채 ヤチェ	
肉	고기 コギ	鶏肉：닭고기 (タッコギ) 鴨肉：오리고기 (オリゴギ) 豚肉：돼지고기 牛肉：소고기 (ソゴギ) 焼き肉店：고깃집 焼き肉を食べよう：고기를 먹자 焼き肉という言葉はない。犬種のコーギーは코기 (コーギー) と呼ぶので注意。
スープ	국 クㇰ	みそ汁：된장국 干しダラのスープ：북엇국 もやしスープ：콩나물국 卵スープ：계란국
注文	주문 チュームン	注文する：주문하다 注文します：주문할게요 (チュームン ハルケヨ) 注文しました：주문했어요 (チュームネッソヨ)

お会計	계산 ケーサン	お会計をお願いします：계산해 주세요（ケーサネ ジュセヨ） 別々に会計をお願いします：따로따로（タロタロ）계산해 주세요 クレジットカードを人数分出せば、別々に会計してくれる店が多い。
領収書	영수증 ヨンスージュン	手書き領収書を用意している店はあまりないため、レシート（레시트）で代用する。 領収書はいりますか？：영수증 드릴까요?（ヨンスージュン ドゥリルカヨ）
おうちごはん	집밥 チプパプ	夜食：야식（ヤーシク） インスタグラムでは「#집밥」のハッシュタグが多く使われている。
ひとりごはん	혼밥 ホンバプ	ひとり＝혼자（ホンジャ）の「혼（ホン）」を前に付けて「ひとり○○」を表す。
宅配	택배 テクペー	宅配が来る：택배가 오다　宅配業者：택배업자　配達ドライバー：택배기사、배달기사　段ボール箱：박스（バックス）発送：배송（ペーソン）
デリバリー	배달 ペダル	デリバリー料理：배달음식（ペダル ウムシク） 配達する：배달하다(ペダラダ) 韓国でメジャーなデリバリーサービスアプリは「配達の民族：배달의 민족（ペダレ ミンジョク)」。
熱いです	뜨거워요 トゥゴウォヨ	温度：온도（オンド） アツアツにしてください：뜨겁게 해주세요（わざとぬるめに出す店もあるので）
温かいです	따뜻해요 タットゥテヨ	体を温めてくれる食べ物：몸을 따뜻하게 해주는 음식 ぬるいです：미지근해요（ミジグネヨ）

冷めました	식었어요 シゴッソヨ	冷める前にどうぞ：식기 전에 드세요 冷たいです：차가워요（チャガウォヨ）
おいしいです	맛있어요 マシッソヨ	（原形）맛있다　（丁）맛있습니다（マシッスムニダ） 味：맛（マッ）
激うま	꿀맛 クルマッ	さらに強調すると「超激うま：핵꿀맛（ヘックルマッ）」。若者言葉として使われている。
まずいです	맛없어요 マドプソヨ	（原形）맛없다（マドプタ） （丁）맛없어요／맛없습니다 まあまあです：그냥 그래요（クニャン クレヨ）
油っこいです	느끼해요 ヌッキヘヨ	（原）느끼하다　油っこいのは嫌です：느끼한 건 싫어요　くさいセリフ：느끼한 대사（ヌッキハン デサ）
辛いです	매워요 メウォヨ	（原）맵다 （類）（主にスープ類が）ピリ辛でおいしい：얼큰하다（オルクナダ）　日本人にはだいぶ辛いかも？　ピリ辛：매콤하다（メコマダ）
甘いですね	다네요 タネヨ	（原）달다　달아요（タラヨ）と表すこともある。 （類）甘ったるい：달콤하다（タルコマダ）「달다」よりも「おいしい」が加わったニュアンス。「달콤한 인생」（甘い人生）「달콤한 말」（甘い言葉）のように比喩的にも使える。 甘くておいしい：달달하다（タルダラダ）「사장님의 쓰린 밤을 달달하게 해주고 싶었어」（社長の苦い夜を甘くしてあげたかった）

ビミョー	별로 ピョルロ	（直）別に　イマイチという意味で使う。
まろやかです	순해요 スネヨ	（原）순하다　メニューなどに「매운 맛」（辛い味）、「순한 맛」（辛くない味）と書かれていることがある。
酸っぱいです	셔요 ショヨ	（原）시다　셔요は시어요（シオヨ）を縮めた言い方なので「시어요」と言ってもいい。 （類）酸っぱみがある：새콤하다（セッコマダ）「ほんのり酸っぱくておいしい」ニュアンス。
苦いです	써요 ソヨ	（原）쓰다 （類）ほろ苦い：씁쓸하다（スプスラダ） ほろ苦い経験：씁쓸한 경험（スプスランギョンホム）
しょっぱいです	짜요 チャヨ	（原）짜다　しょっぱい！：짜! しょっぱくて食べられません：짜서 못 먹겠어요（チャソ モンモッケッソヨ） （類）ほどよい塩加減がある、適度に塩辛い：짭짤하다（チャプチャラダ）
渋いです	떫어요 トルボヨ	（原）떫다（トルタ）（丁）떫습니다（トルスムニダ）
さっぱりしてます	깔끔해요 カルクメヨ	（原）깔끔하다　あっさりしている：산뜻하다（サントゥッタダ）
さわやかです	시원해요 シウォネヨ	ツンとする炭酸水：톡 쏘는 탄산수

味がしません	아무 맛이 안 나요 アム マシ アンナヨ	(直) 何の味もしません (同) 아무 맛이 없어요
(味が) 薄いです	싱거워요 シンゴウォヨ	(原) 싱겁다 (類) 밋밋하다 (ミンミッタダ)
濃いです	진해요 チネヨ	(原) 진하다 濃くしてください：진하게 해주세요
味付けが ちょうどいい	간이 딱 맞아 カニ タン マジャ	(原) 간이 딱 맞다 (直) 塩加減がぴったりと合う
食感	식감 シッカム	味も食感も最高です：맛도 식감도 최고예요 はじけるような食感がいい：톡톡 터지는 식감이 좋아 (海ぶどうなど)
硬いです	딱딱해요 タクタケヨ	(原) 딱딱하다
硬い (嚙み 切れない) です	질겨요 チルギョヨ	(原) 질기다 肉が硬くて嚙むのが大変なとき。 肉がすごく硬いです：고기가 너무 질겨요
モチモチ してます	쫄깃쫄깃해요 チョルギッ チョルギッテヨ	(原) 쫄깃쫄깃하다 麺がしこしこしている：면발이 쫄깃쫄깃해요 면발 (ミョンパル)：麺のコシ
ふわふわ してます	말랑말랑해요 マルラン マルランヘヨ	(原) 말랑말랑하다 プリン：푸딩 (韓国ではあまり売られていない) マシュマロ：마시멜로
柔らかいです	부드러워요 プドゥロウォヨ	(原) 부드럽다

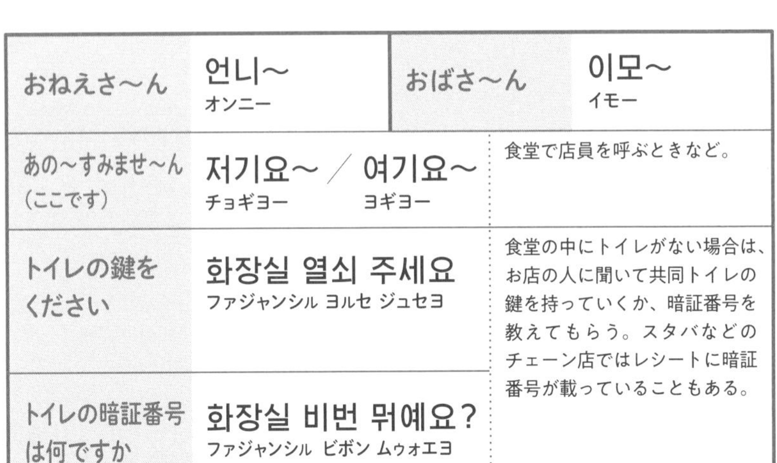

おねえさ～ん	언니～ オンニー	おばさ～ん　이모～ イモー
あの～すみませ～ん （ここです）	저기요～ ／ 여기요～ チョギヨー　ヨギヨー	食堂で店員を呼ぶときなど。
トイレの鍵を ください	화장실 열쇠 주세요 ファジャンシル ヨルセ ジュセヨ	食堂の中にトイレがない場合は、お店の人に聞いて共同トイレの鍵を持っていくか、暗証番号を教えてもらう。スタバなどのチェーン店ではレシートに暗証番号が載っていることもある。
トイレの暗証番号 は何ですか	화장실 비번 뭐예요? ファジャンシル ビボン ムゥォエヨ	

料理メニュー

ラーメン	라면 ラミョン	一般的にはインスタントラーメン。日本式ラーメンの店では生ラーメンが食べられる。 **●ドラマ『キム秘書はいったい、なぜ？』** 秘書のミソが主人公のヨンジュンに言う。「라면 먹고 가실래요?」（ラーメンを召し上がっていきますか） **●映画『春の日は過ぎゆく』**でこの言葉が使われてから流行語となり、異性を誘惑する意味で使われるようになった。もちろん単にラーメンを食べていかないかと問うこともある。
ギョーザ	만두 マンドゥ	
チャーハン	볶음밥 ポックムパプ	（直）炒めごはん

チキン	치킨 チキン	フライド：후라이드（フライドゥ） ヤンニョム（甘辛ソースの絡まったもの）：양념（ヤンニョム） 半分ずつ：반반（パンバン） パンバンム（반반무）：양념 반 후라이드 반, 무 많이 주세요＝ヤンニョム半分、フライド半分、大根たくさんくださいの略。これだけで通じる超便利用語。 **●映画『エクストリーム・ジョブ』より** チキン店が大繁盛し、主人公のコ班長がＣＭ風に言う。「치킨이 미래다, 수원 왕갈비 통닭」（チキンが未来だ。水原王カルビ鶏の丸焼き）
トック	떡국 トックㇰ	
サム ギョプサル	삼겹살 サムギョプサル	豚の三枚肉のこと。 五枚肉：오겹살 （オギョプサル）
カルビ	갈비 カルビ	味付けをしていないカルビ：생갈비（センカルビ）　味付けカルビ：양념갈비（ヤンニョム カルビ）
ユッケ	육회 ユッケ	タレであえた生肉。 肉刺身：육사시미（ユㇰサシミ）＝魚の刺身のように食べる生肉
プルコギ	불고기 プルコギ	プルコギには彦陽式、光陽式、ソウル式の３種類がある。彦陽式と光陽式は直火焼き。一般的に知られているすき焼きのような食べ方はソウル式。

料理メニュー

ポッサム（ゆで豚）	**보쌈** ポッサム	ゆでた豚肉をキムチやニンニクと一緒に食べる料理。
チョッパル（豚足）	**족발** チョクパル	豚足をしょうゆや香辛料の入ったスープで煮込んだ料理。
ビビンバ	**비빔밥** ピビムパプ	混ぜごはん。
チゲ	**찌개** チゲ	スープと具の比率が4：6。キムチチゲ：김치찌개　豆腐チゲ：순두부찌개　プデチゲ：부대찌개
スープ（タン）	**탕** タン	(漢) 湯　スープと具の比率が6：4または7：3。コムタン：곰탕　ソルロンタン：설렁탕　カルビタン：갈비탕
焼き魚	**생선구이** センソングイ	サバ：고등어　サンマ：꽁치　サワラ：삼치　ホッケ：임연수
ジャージャー麺	**짜장면** チャジャンミョン	(漢) 炸醤麺　本来の表記は「자장면」。「チャ」を濃音で発音するのが一般的なので「짜장면」の表記も認められている。普通は黒いが、仁川のチャイナタウンには白いジャージャー麺もある。
冷麺	**냉면** ネンミョン	水冷麺：물냉면（ムルレンミョン）「물냉」と略して言うことが多い。 辛い冷麺：비빔냉면（ビビムネンミョン）　물냉면と비빔냉면を混ぜて食べるとおいしい。
ワタリガニのしょうゆ漬け	**간장게장** カンジャンゲジャン	エビのしょうゆ漬け：간장새우（カンジャンセウ）

Column 焼肉屋さんで食べ放題になるもの

韓国式の焼肉屋さんでテーブルいっぱいに並ぶキムチや野菜、つけ合わせ。おかわりは「○○ジュセヨ～！（ください）」とお願いしよう。

包む野菜
쌈
サム

サンチュ
상추
サンチュ

たまねぎ
양파
ヤンパ

合わせ味噌
쌈장
サムジャン

ゴマの葉
깻잎
ケンニプ

野菜
야채
ヤチェ

ニラ
부추
プチュ

大根の甘酢煮
쌈무
サムム

ニンニク
마늘
マヌル

③調味料・調理器具

食堂でも自分で焼いたり味付けしたり、個人の手間がかかる料理が多いから、そのために必要な用語をそろえました

食材・調味料

材料	재료 チェリョ	さつまいも：고구마（コグマ） たまねぎ：양파 ニンニク：마늘 ナス：가지 豆腐：두부
塩	소금 ソグㇺ	竹塩：죽염（チュギョㇺ） 味塩：맛소금（マッソグㇺ） 天日塩：천일염（チョニリョㇺ）
砂糖	설탕 ソルタン	白砂糖：백설탕（ペㇰソルタン） 黒砂糖：흑설탕（フㇰソルタン）
酢	식초 シㇰチョ	リンゴ酢：사과식초（サグァ シㇰチョ） 醸造酢：양조식초（ヤンジョ シㇰチョ）
しょうゆ	간장 カンジャン	汁しょうゆ：국간장（薄口） 陳しょうゆ：진간장（濃口） 醸造しょうゆ：양조간장（刺身用）
味噌	된장 テンジャン	日本は韓国に比べて湿気が多いので、味噌づくりに麹（누룩）を用いるが、韓国のテンジャンは麹を入れない。
コチュジャン	고추장 コチュジャン	甘辛い調味料。ビビンバなどに混ぜて使う。もち米に唐辛子粉と塩などを加えて発酵させたもの。
合わせ味噌	쌈장 サㇺジャン	「쌈」（包んで食べる）の名のとおり、肉や刺身を野菜に包んで食べるときに使う味噌。
唐辛子粉	고춧가루 コチュッカル	唐辛子：고추 男性器も俗に「고추」と呼ぶ。
食用油	식용유 シギョンニュ	ただ「기름」（油）とも言う。 キャノーラ油：카놀라유 ブドウ油：포도씨유 コーン油：옥수수기름
ごま油	참기름 チャㇺギルㇺ	

オリーブオイル	올리브오일 オルリブオイル	
料理酒	맛술 マッスル	
みりん	미림 ミリム	
こしょう	후추 フチュ	
からし	겨자 キョジャ	
わさび	와사비 ワサビ	固有語では고추냉이（コチュネンイ）と呼ぶ。近年、固有語で呼ぼうという動きがある。
ケチャップ	케첩 ケチョップ	ポテトチップスにケチャップを付けて食べるとおいしいよ：감자칩을 케첩에 찍어 먹으면 맛있어
マヨネーズ	마요네즈 マヨネジュ	

調理器具

電子レンジ	전자레인지 チョンジャ レインジ	（同）전자렌지（チョンジャ レンジ）
オーブン	오븐 オブン	オーブンで焼き芋を焼いて食べよう：오븐으로 고구마를 구워 먹자
ノンフライヤー	에어프라이어 エオプライオ	油を使わずに揚げられるとして最近ブームに。大容量（대용량）のものが人気。

調理器具

ミキサー	믹서기 ミㇰソギ	ミキサーにかけて作ります：믹서기로 갈아서 만듭니다
台所	부엌 プオㇰ	（類）주방（チュバン） 키친（キチン）
冷蔵庫	냉장고 ネンジャンゴ	キムチ冷蔵庫：김치냉장고（キㇺチ ネンジャンゴ）
まな板	도마 トマ	
しゃもじ	주걱 チュゴㇰ	
お玉	국자 クㇰチャ	
包丁	칼 カㇽ	
トング	집게 チㇷ゚ケ	ハサミ：가위 サムギョプサルやカルビなどは집게と가위を使って切る。店員さんが切ってくれる店もある。
鍋	냄비 ネㇺビ	
フライパン	프라이팬 プライペン	ふた：뚜껑（トゥッコン）
ボウル	볼 ポㇽ	
ふきん	행주 ヘンジュ	

調理

レシピ	**레시피** レシピ	料理研究家백종원（ペクチョンウォン）さんのレシピ本が有名。
切ります	**썰어요** ソロヨ	（原）썰다　●**歌謡『양파를 썰어요』**に「자꾸 눈물이 나면 양파를 썰어요」という歌詞がある。
炒めてください	**볶아 주세요** ポッカ ジュセヨ	（原）볶다　サムギョプサルを食べたあと最後にチャーハンを頼むときは「밥 볶아 주세요」と言う。
蒸しました	**쪘어요** チョッソヨ	（原）찌다　サツマイモを電子レンジでふかしました：고구마를 전자레인지로 쪘어요
和（あ）えます	**무칩니다** ムチムニダ	（原）무치다　新鮮な材料を使い心を込めて和えます：신선한 재료로 정성껏 무칩니다
煮てください	**끓여 주세요** クリョ ジュセヨ	（原）끓이다　ラーメンを作ってください：라면을 끓여주세요（ラミョヌル クリョジュセヨ）　お湯を沸かしてください：물을 끓이다（ムルル クリョジュセヨ）
かき混ぜたよ	**휘저었어** フィジョオッソ	（原）휘젓다　料理以外にも使える。あなたの姿が私の頭をかき乱した：네 모습이 내 머릿속을 휘저었어
入れます	**넣어요** ノオヨ	（原）넣다 チャーハンに目玉焼きを入れてください：볶음밥에 프라이 넣어 주세요
油を引いてください	**기름을 둘러 줘요** キルムル ドゥルロ ジュオヨ	（原）기름을 두르다
鉄板を替えてください	**판 갈아 주세요** パン カラジュセヨ	網でも鉄板でも替えてほしいときはこう言う。
切ってください	**잘라 주세요** チャルラ ジュセヨ	お肉をハサミで切ってほしいとき。

④お酒を飲む

お酒好きが多い韓国。ドラマや映画でも飲み会のシーンがよく登場するので、飲めない人も覚えておくと場面への理解が深まりそう！

乾杯	건배 コンベ	一般的な言い方 乾杯の音頭：건배사
	짠 チャン	女子にオススメの乾杯の言葉。「チャーン」と伸ばして言うとかわいいかも。
	위하여 ウィハヨ	（直）～のために（主に会社で）
	취하자 チュィハジャ	（直）酔おう（主に友達同士で）
	축배 チュクペ	（直）祝杯（かしこまった場で）
飲み会	술자리 スルチャリ	술＝酒＋자리＝席、座 飲み会ゲーム：술자리 게임
二次会	이차 イーチャ	三次会：삼차（サムチャ） ルームサロンなどの酒場で「二次会に行く」と言ったら「接待女性と性関係をもつこと」。
ひとり酒	혼술 ホンスル	
昼酒	낮술 ナッスル	
一気（飲み）	원샷 ウォンシャッ	（直）one shot
（男性の）助っ人	흑기사 フッキサ	（漢）黒騎士　罰ゲームで一気飲みをするときや飲まなければならない状況のとき、その女性の代わりに飲んであげる男性のこと。

（女性の）助っ人	흑장미 フクチャンミ	（漢）黒バラ　黒騎士の女性版。
花金	불금 プルグム	불타는 금요일（プルタヌン クミョイル）＝燃え上がる金曜日の略。
酒場	술집 スルチプ	飲み屋の意味だが、女性が接待する店のイメージがあるため、あまりいい意味では使われないことも。バーのホステス：술집 아가씨（スルチプ アガッシ）
カラオケボックス	노래방 ノレバン	歌練習場：노래연습장（ノレヨンスプチャン）ともいい、飲酒は原則不可。「노래주점（ノレジュジョム）」や「단란주점（ダルランジュジョム）」では飲酒可能だが総じて料金は高め。
キャバクラ	룸싸롱 ルームサロン	高級個室クラブ。
高級キャバクラ	텐프로 テンプロ	高級ルームサロンをこう呼ぶこともある。ちなみにテンプロの次のレベルの店はテンカフェ（텐카페）。ＪＹＪのユチョンが性的暴行事件を起こしたのはテンカフェ。

ノレバン

ノレ練習場

酒量	주량 チュリャン	お酒を飲める量。お酒はどのくらい飲めますか？：주량이 어떻게 되세요?（チュリャンニ オットケ デセヨ）
酔い覚まし スープ	해장국 ヘージャンクㇰ	해장：解腸＋국：スープ
ビール腹	똥배 トンペ	똥똥한 배（トントンハン ペ）＝ぽっこり出た腹 「똥」には「うんち」の意味もあるが、ここではその意味ではない。
下戸	알쓰 アルス	알코올쓰레기（アルコオルスレギ）＝アルコールくずの略。「술쓰（酒くず）」とも言う。若者の間で使う言葉。
下戸です	술을 못해요 スルㇽ モテヨ	（直）お酒ができません
お酒が弱い	술에 약해 スレ ヤケ	（原）술에 약하다　술이 약하다とも言う （反）お酒が強い：술이 세다
お酒が おいしく感じる	술이 달아 スリ ダラ	（原）술이 달다　（直）お酒が甘い （反）苦い：술이 쓰다→お酒がまずい
お酒をついで ください	술을 따라 주세요 スルㇽ タラジュセヨ	（原）술을 따르다　女性が男性にお酒をつぐのはよくないとされている。ホステスの場合は別。
水で割って 飲みます	물을 타서 먹어요 ムルㇽ タソ モゴヨ	（原）술을 타다　水で割らずストレートで飲むことが多いので、「水割り」という単語はない。
ぐでんぐでん	곤드레만드레 コンドゥレマンドゥレ	韓国には日本人が集まって結成した「곤드레만드레」というバンドがあって、現地日本人の間では有名。
へべれけに なった	술에 떡이 됐어 スリ トギ ドェッソ	（原）술에 떡이 되다 「떡이 되다」は直訳すると「餅になる」。ひどくぶたれたり、侮辱を受けるという意味もある。

酒癖が悪い （度合い順・軽→重）	술버릇이 나빠 スルボルシ ナッパ	（原）술버릇이 나쁘다 （類）주사가 심해（チュサガ シメ） **●ドラマ『雲が描いた月明り』より** ヒロインのラオンが「先生はどんな人なのか」と聞くと、世子・ヨンの答えは「배울 게 많은 어른이시다. 딱 하나, 술버릇만 빼고」（学ぶ点の多い方だ。酒癖を除いてな）
	주사가 있어요 チュサガ イッソヨ	（直）悪い酒癖があります 「주사」は漢字で「酒邪」と書き、「注射」と同音異義語。
	주정을 부려 チュジョンウル プリョ	（直）酔ってくだをまく お酒を飲んで酒乱になって殺しました：술을 먹고 주정을 부려 죽였어요
	술 마시면 개가 돼 スル マシミョン ケーガ デ	（直）お酒を飲むと犬になる＝めちゃくちゃ酒癖が悪い。
（酔い） つぶれた	뻗었어 ポドッソ	（直）伸びる （原）뻗다（ポッタ） お酒を飲んでつぶれました：술을 먹고 뻗었어요
泥酔した	꽐라 됐어 クァルラ ドェッソ	（原）꽐라가 되다 「꽐라」という単語の由来は諸説あるが、コアラ：코알라を短く発音したものとも言われている。
気持ち悪い	속이 안 좋아 ソギ アンジョア	胃がもたれる、または吐きそうなとき。 昨日飲みすぎて気持ち悪いです：어제 과음해서 속이 안 좋습니다
二日酔い	숙취 スクチュイ	（漢）宿酔 二日酔いの薬：숙취해소제 昨日飲みすぎて今日は二日酔いで苦しい：어제 과음해서 오늘 숙취 때문에 힘들어
（酔って） 記憶がない	필름이 끊겼어 ピルルミ クンキョッソ	（原）필름이 끊기다 필름＝フィルム 頭の中の動画フィルムが切れた感じ。
オーダーストップです	주문 마감입니다 チュームン マガミムニダ	締切：마감（マガム） 願書の締切：원서 마감 締切に合わせる：마감 시간에 맞추다

お酒の種類

ビール	맥주 メクチュ	（漢）麦酒　缶ビール：캔맥주（ケン メクチュ）瓶ビール：병맥주（ピョン メクチュ）よく飲まれている商品は「カス」「ハイト」「テラ」「クラウド」など。
焼酎	소주 ソジュ	主な商品は「참이슬（チャミスル）」「진로（チルロ）」「처음처럼（チョウムチョロム）」の3種類。プレミアム焼酎には「화요（ファヨ）」「一品眞露（イルプムジルロ）」などがある。
焼酎＋ビール	소맥 ソメク	소주（ソジュ）＋맥주（メクチュ） 「爆弾酒」参照。
爆弾酒	폭탄주 ポクタンジュ	種類の異なる酒を混ぜたもの。もともとはウイスキー＋ビールだったが、最近は「소맥（ソメク）」が定番。
テスラ	테슬라 テスルラ	테라（テラ）＋참이슬（チャミスル）　テラとチャミスルはともに酒造メーカー「眞露」の商品。自動車メーカー「テスラ」も同じつづり。
テジン	테진 テジン	테라（テラ）＋진로（チルロ）
マッコリ	막걸리 マッコルリ	発音注意！「マッコリ」＝× 生マッコリ：생막걸리（センマッコルリ）
マッコリ＋サイダー	막사 マクサ	막걸리（マッコルリ）＋사이다（サイダー）
ウイスキー	양주 ヤンジュ	（漢）洋酒　洋酒には多くの種類があるが、一般的に「洋酒」といえばウイスキーやブランデー：브랜디、ラム：럼のこと。
ノンアルコール	무알코올 ム アルコオル	（直）무（無）＋알코올（アルコオル）

Lesson 8

\ 日常生活に /
役立つ単語

韓流エンタメを字幕なしで楽しむ、個人旅行や長めのステイに備える……目標に近づくためにもうひとがんばり！

①ショッピング

韓国では払い戻しに対応してくれるお店が多いので、レシートは必ずもらっておくのがおすすめです！

買い物	장보기 チャンボギ	商品	상품 サンプム
定価	정가 チョンガ	セール	세일 セイル
値下げ	가격 인하 カギョギナ	割引	할인 ハリン
合計	합계 ハプケ	かご	장바구니 チャンバグニ
ショッピングカート	쇼핑 카트 ショピン カトゥ	カウンター	계산대 ケーサンデ
試着室	시착실 シチャクシル	店員	점원 チョムォン
苦情	컴플레인 コンプルレイン	返品	반품 パンプム
払い戻し	환불 ファンブル	不良品	불량품 プルリャンプム
新品	새것 セゴッ	中古	중고 チュンゴ
在庫	재고 チェーゴ	品切れ	품절 プムジョル
レシート	영수증 ヨンスージュン	保証書	보증서 ポジュンソ

売り場	매장 メージャン	営業時間	영업시간 ヨンオプシガン
休日	휴일 ヒュイル	アウトレット	아울렛 アウルレッ

関連単語

おつり	거스름돈 コスルムトン	おつりが足りませんよ：거스름돈을 덜 주셨는데요（コスルムトヌル トル ジュショヌンデヨ） 少なめに、控えめに：덜
お札	지폐 チペ	紙幣は1000ウォン、5000ウォン、1万ウォン、5万ウォンの4種類。
現金	현금 ヒョングム	ＡＴＭ：현금인출기　お金を下ろす：돈을 찾다　現金で払います：현금으로 낼게요
硬貨	동전 トンジョン	(漢) 銅銭　会話では「잔돈（チャンドン)」(小銭）がよく使われる。これには「おつり」の意味もある。
クレジットカード	신용카드 シーニョンカドゥ	韓国ではクレジットカードが使えない店は違法。

ソウル・汝矣島(ヨイド)にある大型複合モール「IFCモール」

②コンビニ

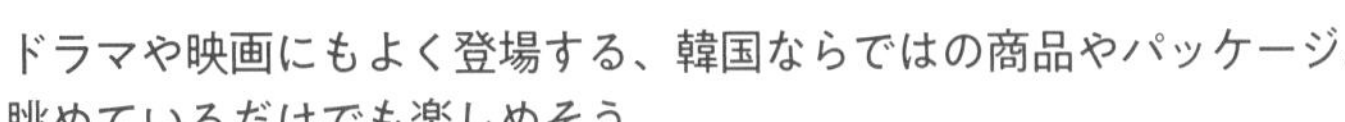
ドラマや映画にもよく登場する、韓国ならではの商品やパッケージ。眺めているだけでも楽しめそう

コンビニ	편의점 ピョニジョム	(漢) 便宜店　スーパーマーケット：마트（マートゥ）　デパート（百貨店）：백화점（ペカァジョム）
水	물 ムル	冷水：찬물（チャンムル）　お湯（熱い水）：뜨거운 물（トゥゴウン ムル）ミネラルウォーター：생수（センス）　炭酸水：탄산수（タンサンス）
お茶	녹차 ノクチャ	(漢) 緑茶 紅茶：홍차（ホンチャ）
牛乳	우유 ウユ	バナナ牛乳：바나나우유（パナナ ウユ）ミントチョコラテ：민트초코 라떼（ミントゥ チョコラテ）
ヨーグルト	요거트 ヨゴトゥ	요구르트（ヨーグルトゥ）はヤクルト系の飲むヨーグルトを指すことが多い。
おにぎり	삼각김밥 サムガッ キムパプ	(類) 주먹밥　韓国での人気商品はツナマヨ：참치마요、全州ビビンバ：전주비빔、ツナキムチ炒め：참치김치볶음など。
弁当	도시락 トシラク	温めてください：데워 주세요（テウォ ジュセヨ）　お箸をください：젓가락을 주세요
カップラーメン	컵라면 コムナミョン	辛ラーメン：신라면（シルラミョン） インスタントラーメン：봉지 라면（ポンジ ラミョン）＝袋入りラーメン 「짜파구리(チャパグリ)」は映画『パラサイト』で話題になった。

サンドウィッチ	**샌드위치** センドゥウィチ	ハムチーズエッグ：햄치즈에그　いちごサンド：딸기 샌드위치　カツサンド：가츠샌드
タバコ	**담배** タムベ	電子タバコ：전자담배（チョンジャ タムベ）　灰皿：재떨이（チェットリ）　ライター：라이터（ライト）
栄養ドリンク	**영양드링크** ヨンヤン ドゥリンク	栄養剤：영양제（ヨンヤンジェ） ●**ドラマ『梨泰院クラス』**でイソが食べていたのは紅参スティックゼリー：「화애락 이너제틱」（ファエラㇰ イノジェティㇰ）。少し苦みはあるがプニッとした食感が気持ちよくオススメ。
チーズ	**치즈** チージュ	
海苔	**김** キム	のり巻き：김밥（キムパㇷ゚） のり巻き残ってない？：김밥 좀 남은 것 없어？
お菓子	**과자** クァジャ	ポテトチップス：감자칩　かっぱえびせん：새우깡　キャンディー：사탕
パン	**빵** パン	一般的なパン以外にも、どら焼き：도라야끼やカステラ：카스테라などのお菓子もパンと呼ぶ。
レジ袋	**봉투** ポントゥ	本来は封筒や紙袋の意味だが、レジでは봉투が一般的。「비닐봉지」（ビニル袋）でもOK。　袋をください：비닐봉지 주세요
プリペイドカード	**선불카드** ソンブル カドゥ	ニンテンドープリペイドカード：닌텐도 선불카드　グーグルプレイストアプリペイドカード：구글 플레이스토어 선불카드
プライチ	**원 플러스 원** ウォン プラス ウォン	「1＋1」と書かれていたら、同じものを2つレジに持っていくと1つ分の価格で買える。「2＋1」は3つ持っていく。

③ファッションアイテム

可愛くておしゃれな韓国っぽコーデはファッション系YouTubeやInstagramでチェック！現地に行けなくてもテンション上がりそう

服	옷 オッ	さっさと服を着替えて：얼른 옷을 갈아입어　早く脱いで：빨리 벗어　犬に服を着せる理由：강아지에게 옷을 입히는 이유	
スカート	치마 チマ	スカートをはいて：치마를 입어　靴の「履く（신다）」ではなく「입다」を使う。エプロン：앞치마	
ズボン	바지 パジ	ジーンズ：청바지（チョンバジ）　短パン：숏팬츠（ショッペンチュ）　半ズボン：반바지（パンバジ）	
ワンピース	원피스 ウォンピース	タンクトップ	민소매 ミンソメ
キャミソール	캐미솔 ケミソル	ニット	니트 ニトゥ
カーディガン	가디건 カディゴン	トレーナー	맨투맨 メントゥーメン
レギンス	레깅스 レギンス	スキニー	스키니 スキニ
デニム	데님 デニム	パーカー	후드티 フードゥティ
ダウンジャケット	오리털 점퍼 オリトル ジョンポ	レザー	가죽 カジュク
コート	코트 コトゥ	ムートン:무스탕（ムスタン）　ファー:퍼（ポ）　ロングコート:롱 코트（ロンコトゥ）	
靴下	양말 ヤンマル	靴下類を「はく」ときの動詞は靴と同じで「신다」を使う。ストッキング:스타킹　タイツ：타이즈	

下着	속옷 ソゴッ	
ブラジャー	브래지어 プレジオ	(略) 브라 (ブラ)　日本とはブラのサイズが違う。日本のAAは韓国のA、AはB、BはCなど、同じサイズなら韓国が小さい。
パンツ	팬츠 ペンチュ	海パン：수영복팬츠 (スヨンボㇰペンチュ) 日本と同様、パンツにはズボンの意味もある。
パンティー	팬티 ペンティ	主に女性の下着を言うが、男性の下着を指すこともある。 Tバック：T팬티 (ティーペンティー)
トランクス	사각팬티 サガㇰペンティ	(直) 四角パンティー　트렁크とも言う。90年代はおじさんのはくものと敬遠されていたが、現在は若者もはいている。
ブリーフ	삼각팬티 サムガㇰペンティ	(直) 三角パンティー 브리프とも言う。
靴 (履き物の総称)	신발 シンバル	靴を履く：신발을 신다　靴を脱ぐ：신발을 벗다　サンダル：샌들 (センドゥル) スリッパ：슬리퍼 (スルリポ) 長靴：장화 (チャンファ)　スニーカー：운동화 (ウンドンファ)
革靴 (フォーマルな靴)	구두 クドゥ	ブーツ：부츠 (ブーチュ)　パンプス：펌프스　ミュール：뮬 (ミュル)
マフラー	목도리 モㇰトリ	最近は「머플러 (マプルロ)」を使うことも多い。
パジャマ	잠옷 チャモッ	
トレーニングウェア	츄리닝 チュリニン	若い世代では「트레이닝복 (トゥレイニンボㇰ)」を使う傾向にある。

ショッピングで使えるフレーズ

いつか渡韓できる日に備えてマスターしておきたい簡単なフレーズを紹介。音声データでネイティブっぽい発音もマネしてみて！

いくらですか？	**얼마예요?** オルマエヨ
まけてください	**깎아 주세요** カッカ ジュセヨ
この割引券は 使えますかね？	**이 할인권 (쿠폰) 쓸 수 있나요?** イ ハリンクォン（クポン）スル ス インナヨ？
無料ですか？	**무료예요?** ムリョーエヨ？
気に入りました	**마음에 들어요** マウメ ドゥロヨ
違う色は ありませんか？	**다른 색은 없나요?** タルン セグン オムナヨ
レジは どこですか？	**계산대가 어디에 있나요?** ケーサンデガ オディエ インナヨ ※セルフレジ：셀프계산대（セルプ ケーサンデ）
サンプルを たくさんください	**샘플 많이 챙겨주세요** セムプル マニ チェンギョ ジュセヨ
ベビーカーの貸出 はありますか？	**유모차 대여해 주나요?** ユモチャ テヨヘ ジュナヨ ※유모차：（漢）乳母車 （参）車イス：휠체어（フィルチェオ）

④生活雑貨・家事

何げない生活シーンに登場する単語がとっさに使えたら、ネイティブにぐっと近づいた気分に！

生活雑貨

傘	우산 ウサン	日傘：양산＝陽傘　傘を差す：우산을 쓰다　傘をたたむ：우산을 접다　折りたたみ傘：접는우산
扇風機	선풍기 ソンプンギ	ミニ扇風機：미니선풍기　扇風機をつけて：선풍기를 켜줘　扇風機を止めますか？：선풍기를 끌까요?
電卓	계산기 ケーサンギ	計算しよう：계산하자　かけ算を暗算で解いたよ：곱셈을 암산으로 풀었어
時計	시계 シゲ	腕時計：손목시계＝手首時計　目覚まし時計：알람시계　壁時計：벽시계（ピョㇰシゲ）
シャンプー	샴푸 シャムプ	シャンプーする：샴푸하다　髪洗った？：머리 감았어?（モリ カマッソ）
リンス	린스 リンス	リンスする：린스하다　コンディショナー：컨디셔너　トリートメント：트리트먼트
石けん	비누 ピヌ	ハンドソープ：핸드워시（ヘンドゥウォッシ）　洗顔石けん：세안비누（セアンビヌ）
タオル	수건 スゴン	ハンカチ：손수건（ソンスゴン）＝手のタオル　バスタオル：바스타올または큰 수건
ティッシュペーパー	휴지 ヒュジ	（同）화장지（ファジャンジ）：化粧紙
トイレットペーパー	두루마리 휴지 トゥルマリ　ヒュジ	휴지、화장지でもよい。ティッシュやナプキンの代わりにテーブルにトイレットペーパーを置く食堂も多い。
生理用ナプキン	생리대 センニデ	生理は생리のほか、월경（月経）、마법（魔法）、매직（マジック）、마술（魔術）、그날（あの日）ともいう。

ハンガー	**옷걸이** オッコリ	행거（ヘンガー）はハンガーラックのイメージ。
くし	**빗** ピッ	ヘアブラシ：헤어브러쉬　コーム：일자빗（イルチャビッ）　ロールブラシ：롤브러쉬
アイロン	**다리미** タリミ	アイロンをかける：다리미질을 하다（다림질もＯＫ） **●映画『パラサイト』より** キム家の母チュンスクが放った言葉。「돈이 다리미야. 구김살 같은 걸 쫙 펴주거든」（お金はアイロンなの。［心の］シワを伸ばしてくれるのよ）

家事

生活	**생활** センファル	**●ドラマ『賢い医師生活』**の原題は『슬기로운 의사생활（スルギロウンウィサセンファル）』。
家事	**집안일** チバニル	家事が上手ね：살림 잘해（サルリムチャレ）（原）살림을 잘하다
皿洗い	**설거지** ソルゴジ	お皿を洗う：그릇을 씻다　お皿を拭く：그릇을 닦다　皿洗いして：설거지 해 줘
掃除	**청소** チョンソ	掃除機：청소기（チョンソギ）掃除機をかける：청소기를 돌리다　床を拭く：바닥을 닦다
洗濯（物）	**빨래** パルレ	洗濯機：세탁기（セータッキ）　洗濯機に入れる：세탁기에 넣다　干す：널다　乾かす：말리다　たたむ：개다
ごみ	**쓰레기** スレギ	比喩的にも使える。 人間のくず：인간 쓰레기（インガンスレギ）

家事		
資源ゴミ	**재활용품** チェーファリョンプム	(漢）再活用品＝リサイクルできるゴミのこと。生ゴミ：음식물 쓰레기（ウムシンムル スレギ）
ほこり	**먼지** モンジ	●故キム・グァンソクの「먼지가 되어」（ほこりになって）という曲はロイ・キム＆チョン・ジュニョンがオーディションで歌い、再度脚光を浴びた。
きれいにしてますね	**깨끗하네요** ケックッタネヨ	（原）깨끗하다＝きれいだ、清潔だ ほこりひとつなくきれいですね：먼지 하나 없이 깨끗하네요
汚いですが……	**지저분하지만……** チジョブナジマン……	（原）지저분하다＝汚らしい、汚れている 汚い部屋ですがどうぞ：방이 지저분하지만 들어오세요（パンイ チジョブナジマン トゥロオセヨ）
散らかってますが……	**어수선하지만……** オスソナジマン…	（原）어수선하다＝雑然としている、ごちゃごちゃしている 家の中が散らかってますが来てください：집안이 어수선하지만 오세요（チビ オスソナジマン オセヨ）

⑤泊まる・暮らす

韓国の「アパート」は「高層マンション」のこと。さまざまな住居の形式から韓国文化の一端を垣間見ることができる。

宿泊施設

日本語	韓国語	解説
ホテル	호텔 ホテル	韓国に現存する最も古いホテルは、市庁近く（中区小公洞）にあるウェスティンチョソンホテル。
レジデンス	레지던스 レジドンス	ホテル式のサービスが提供される住居施設。西大門（ソデムン）にある「バビエン」などが有名。
旅館	여관 ヨグァン	日本の旅館とは違い、モーテルのようなもの。「～荘」と付くものは少し大きめの旅館。
モーテル	모텔 モテル	旅館より上、ホテルよりは下のクラスというイメージがあるが、旅館とほぼ同じ。
宿屋	여인숙 ヨインスㇰ	旅館よりも下のクラス。部屋が狭くトイレやシャワーは共同。 宿：숙소（スㇰソ）

ゲストハウス	게스트하우스 ケストゥハウス	民宿	민박 ミンバㇰ
下宿	하숙 ハスㇰ	寮	기숙사 キスㇰサ

住居

日本語	韓国語	解説
家	집 チㇷ゚	**●映画『完璧な他人』より** 弁護士テスの妻で主婦のスヒョンが、陰口がバレそうになって言う。「오해 하지 마… 집 산 친구가 또 있거든」（誤解しないで。ほかにも家を買った友達がいるの）

高層マンション	아파트 アパトゥ	低層マンション	빌라 ピルラ

オフィステル	**오피스텔** オピステル	オフィス＋ホテルの合成語。事務所と住居を兼ねたビルのこと。たいていワンルーム型で、駅の近くや学生街に多い。ビルに事務所も入っているので、人の出入りが激しい。
屋根部屋	**옥탑방** オクタプパン	屋根裏ではなく、屋上につくった部屋。家賃も安めだし屋上が自由に使えるので、意外と人気がある。
半地下部屋	**반지하** パンジハ **Point!** **「지옥고」（地屋考）は、반지하・옥탑방・고시원を合わせた新造語。劣悪な住居形態を表す。最近では「地屋考」の廃止を求めるデモも行われている。**	**映画『パラサイト』**の主人公一家が住んでいたことで有名になった。朝鮮戦争当時、北朝鮮からの空襲に備えて住宅の地下に防空壕を設置せよという法律が生まれたことが始まり。倉庫に使用されてきたが、1980年代からトイレとキッチンを備えつけて低所得層に住まいとして貸し出されるようになった。
考試院	**고시원** コーシウォン	司法試験や国家公務員試験など「考試」と呼ばれる試験のために勉強する人が集まる居住施設。勉強していなくても入れるので短期利用の留学生も多く住んでいる。 고시텔（コーシテル）は部屋にシャワーやトイレもあり、考試院より快適。
家賃	**집세** チプセ	**●映画『タクシー運転手』より** 主人公マンソプの家主であるドングが言う。「밀린 집세 갚겠다고 집주인한테 돈 빌려 달라는 놈은 처음 본다」（滞納してる家賃を払うためにカネ貸してくれって家主に頼むヤツは初めて見たよ）
短期賃貸	**단기임대** タンギ イムデ	保証金が家賃と同程度の額なので初期費用が安くて済む。1～3か月ごとに更新。フルオプションなので便利。
引っ越し	**이사** イサ	引っ越し業者：이삿짐센터　5年前と比べて料金が2倍くらいに値上がりしていて韓国のインフレのひどさを実感する。

住居

部屋	**방** パン	台所	**부엌** プオㇰ
寝室	**침실** チムシル	浴室	**욕실** ヨㇰシル
リビングルーム	**거실** コシル	(漢) 居室 書斎：서재 (ソジェ)　(メインの) 寝室：안방 (アンパン)	
トイレ	**화장실** ファジャンシル	(漢) 化粧室	
冷蔵庫	**냉장고** ネンジャンゴ	冷凍庫：냉동고 (ネンドンゴ)　最近はサムスン電子製のパステルカラーのカラフルでおしゃれな冷蔵庫が人気！	
クーラー	**에어컨** エアコン	日本でいう「クーラー」は「エアコン」または「冷房：냉방 (ネンバン)」。韓国はオンドル (온돌) という床暖房が発達しているので、通常は温風機能が付いていない。	

●室内 실내
シルレ

窓
창문
チャンムン

壁
벽
ピョㇰ

天井
천장
チョンジャン

本棚
책장
チェㇰチャン

机
책상
チェㇰサン

床
바닥
パダㇰ

ベッド
침대
チムデ

椅子
의자
ウィジャ

廊下
복도
ポㇰト

⑥旅行・交通

映画に多く登場する移動や旅の場面で耳に残る単語、いつか旅行で使える言葉……まとめて覚えてしまおう！

飛行機	비행기 ピヘンギ	空港：공항（コンハン） 航空機：항공기 日本航空：일본항공 全日空：ANA항공 大韓航空：대한항공 アシアナ：아시아나항공
地下鉄	지하철 チハチョル	ソウルには地下鉄が１号線～９号線まである。２号線（循環線）の利用者数が最も多く、その後７号線、５号線、３号線と続く。
電車	전철 チョンチョル	(漢) 電鉄 地下鉄も전철なので「전철で帰る」と言うと「地下鉄で帰る」という意味。
汽車	기차 キチャ	「잘못 탄 기차가 때론 목적지에 데려다준다고......」(乗り間違えた汽車が、時には目的地に連れていってくれることもあると……)
タクシー	택시 テクシ	最近は「カカオタクシー」「i.Mタクシー」などの配車アプリを使う人が増えている。よって流しのタクシーを疲労ことが困難に。 **●映画『タクシー運転手』より** 主人公マンソプの持論。「손님이 가자면 택시는 어디든지 가는 거지」(お客さんが行けと言えば、タクシーはどこだろうと行くのさ) →ソウルで営業許可を得ているタクシーは京畿道で客を乗せることができないなど、事業区域制になっている。
車	자동차 チャドンチャ	車を運転する：차를 운전하다=차를 몰다 自家用車：자가용차（チャガヨンチャ）→略して「자가용（チャガヨン)」と呼ぶ。 車で来たの？：차 가지고 왔어? 自家用車で来ますか？：자가용으로 오세요?
バス	버스 ボス	バス停：버스정류장（ポス ジョンニュジャン） 小さなエリアだけを巡回するバスは「マウルバス(村バス)：마을버스」と言う。
ターミナル	터미널 トーミナル	代表的なソウルのバスターミナル=ソウル高速ターミナル：서울고속터미널 南部ターミナル：남부터미널 東ソウルターミナル：동서울터미널

ID	신분증 シンブンチュン	(漢) 身分証　韓国人のIDは「주민등록증 (略) 주민증」、在韓外国人のIDは「외국인등록증」。「증 (チュン)」は濃音。	
バスポート	여권 ヨックォン	(漢) 旅券 「권 (クォン)」は濃音。 ワクチンパスポート：백신 여권	
運転免許証	운전면허증 ウンジョン ミョノチュン	予約	예약 イェーヤㇰ
キャンセル	취소 チュィソ	手数料	수수료 ススリョー
費用	비용 ピヨン	乗務員	승무원 スンㇺウォン
チェックイン	체크인 チェクイン	搭乗	탑승 タㇷ゚スン
新婚旅行	신혼여행 シノンヨヘン	日帰り	당일치기 タンイルチギ
グランピング施設	글램핑장 クルレㇺピンジャン	ハイキング	하이킹 ハイキン
遠足	소풍 ソプン	**●映画『タクシー運転手』より** マンソプが11歳の娘に言う。「아빠가 해야 할 일이 있어서 우리 소풍은 다음에 가자」(パパはしなきゃならないことがあるんだ。遠足は次にしよう)	
ピクニック	야유회 ヤユフェ	(漢) 野遊会　会社組織では「遠足」ではなくこの言葉が使われる。 トレッキング：트레킹	
スーツケース	캐리어 ケリオ	ボストンバッグ：보스턴백　キャスター付きトートバッグ：이민가방　リュック：배낭 (ペナン)	

観光客	**관광객** クァングァンゲㇰ	**●映画『エクストリーム・ジョブ』より** チーム員の中で紅一点のチャン刑事が言う。「일본 럭셔리 관광객들에게는 필수 방문 코스란다……」（日本人観光客の必須観光ルートだって……）
計画	**계획** ケーフェㇰ	**●映画『パラサイト』より** 父親のギテクが息子に言う。「가장 완벽한 계획이 뭔지 알아? 무계획이야」（最高に完璧な計画って何かわかるか？　無計画だよ）
近道	**지름길** チルㇺキル	**●ドラマ『雲が描いた月明り』より** 礼曹判書・マニョンの娘ハヨンに世子・ヨンが言う。「혹 명은이가 지름길로 통하는 구멍을 알려 주었소?」（ミョンウン[妹]が近道の抜け穴を教えてくれたのか？）
交差点	**사거리** サゴリ	三叉路：삼거리（サㇺゴリ）　信号機：신호등（シノドゥン）　赤信号：빨간불　青信号：파란불　黄信号：노란불
右折	**우회전** ウフェジョン	右折してください：우회전 해주세요 まっすぐ行ってください：직진 해주세요
左折	**좌회전** チャフェジョン	
横断歩道	**횡단보도** フェンダンボド	

⑦天気

衛星放送などで観ることができるニュース番組。終わりに流れる天気予報から現地の様子をライブで感じてみて！

天気	날씨 ナルシ	今日の天気はどう？：오늘 날씨 어때? いい天気だね：날씨가 좋아 **●アニメ『天気の子』**：날씨의 아이
天気予報	일기예보 イルギイェボ	韓国の天気予報って当たらないよね：한국의 일기예보는 너무 안 맞는다 気象庁：기상청
晴れ	맑음 マルグム	晴れる：맑다（マㇰタ） 韓国でてるてる坊主は「맑은 날씨를 불러오는 일본 인형」（晴天を呼ぶ日本の人形）と説明される。
曇り	흐림 フリㇺ	曇る：흐리다（フリダ） 雲：구름（クルㇺ） 雨雲：비구름（ピグルㇺ）
雨	비 ピ	雨が降る：비가 오다（ピガ オダ） 비가 내리다（ピガ ネリダ） 梅雨：장마（チャンマ） 大雨：폭우（ポグ）
夕立	소나기 ソナギ	**●短編小説『소나기』**は韓国文学を代表する作品。少年・少女の淡い恋が描かれている。夕立に遭う：소나기를 맞다
曇りのち雨	흐린 후 비 フリンフ ビ	曇りのち晴れ：흐린 후 맑음 雨のち晴れ：비온 뒤 갬
雪	눈 ヌーン	「目」も「눈」だが発音は「ヌン」と短め。雪が降っている：눈이 내리고 있어 雪が積もった：눈이 쌓였어（サヨッソ）
大雪	폭설 ポㇰソル	（漢）暴雪 大雪で交通がマヒした：폭설로 교통이 마비됐어
風	바람 パラム	風が強い：바람이 세다（パラミ セダ） 「바람이 왜 부는 것 같아요? 지나가려고 부는 거예요」（風はなぜ吹くと思う？［とどまるのではなく］通り過ぎるために吹くのよ）

台風	**태풍** テプン	日本のように番号ではなく、「태풍 너구리（台風ノグリ）」のように国際的な名称を使う。　너구리：たぬき
嵐	**폭풍** ポㇰプン	(直) 暴風　雷が鳴る：천둥이 치다（チョンドゥンイ チダ）　稲妻が走る：번개가 치다（ポンゲガ チダ）　早食い：폭풍흡입（ポㇰプン フビㇷ゚）＝暴風吸入
霧	**안개** アンゲ	霧がかかる：안개가 끼다 仁川空港は霧のせいで離陸着に影響が出ることが多い。
虹	**무지개** ムジゲ	虹の橋を渡った（飼っていたペットが死ぬこと）：무지개다리를 건넜어　虹が出たよ：무지개가 떴어
気候	**기후** キフ	気候がいい：기후가 좋다（キフガ チョタ） 地球温暖化：지구온난화　気候変動：기후변동（キフ ビョンドン）
気温	**기온** キオン	最高気温：최고기온（チェーゴギオン） 最低気温：최저기온（チェージョギオン）
朝晩の気温差	**일교차** イルギョチャ	(漢) 日較差 最近朝晩の気温差が大きい：요즘 일교차가 커
氷点下	**영하** ヨンハ	(漢) 零下　「マイナス」とは言わない。 ソウルは12月～2月にかけて氷点下10度以下になることも多い。
粒子状物質 (PM10)	**미세먼지** ミセーモンジ	(直) 微細ほこり（粒子状物質のこと） **●映画『パラサイト』より** お金持ちのパク社長の妻ヨンギョが言う。 「비가 와서 그런지 미세먼지가 없네요」 （雨が降ったからか、空気がきれいですね）
微小子状物質 (PM2.5)	**초미세먼지** チョーミセーモンジ	韓国の空気は悪いので、미세먼지と초미세먼지の２つの指数を毎朝確認する人が多い。

黄砂	**황사** ファンサ	3月～5月にやってくる。呼吸疾患を誘発。体内の黄砂を排出するというデマにより、黄砂のひどい日は豚肉を食べる人も多い。
日差し	**햇빛** ヘッピッ	まぶしいです：눈부셔요（ヌンブショヨ）めちゃくちゃ日に焼けた：엄청 탔어　顔が焼けて真っ黒だ：얼굴 타서 까매졌다
猛暑	**폭염** ポギョム	（漢）暴炎　夏は「폭염に注意せよ」とのSMSが政府から国民の携帯電話に発信される。
暑いです	**더워요** トウォヨ	（原）덥다 だいぶ暑くなりました：날씨가 많이 더워졌어요
蒸し暑いですね	**무덥네요** ムドムネヨ	（原）무덥다　（類）후덥지근하다（フドプチグナダ）　湿度：습도　湿気：습기　湿っぽい：습하다
暖かいです	**따뜻합니다** タットゥタムニダ	「温かい人：따뜻한 사람」のように人にも使える。（類）따스하다（タスハダ）、포근하다（ポグナダ）
アチっ！	**뜨거워！** トゥゴウォ	（原）뜨겁다 熱いので気をつけてください：뜨거우니까 조심하세요
涼しい	**시원해** シウォネ	（原）시원하다 入浴後や運動後などには「スッキリした」という意味で使う。
寒いです	**추워요** チュウォヨ	（原）춥다　寒波：한파　明日寒さは増す：내일 더 추워져＝天気予報などで使われる
肌寒いです	**쌀쌀해요** サルサレヨ	（原）쌀쌀하다　夜は冷える：밤에는 쌀쌀하다（パメヌン サルサラダ）
暑さ	**더위** トウィ	夏バテする：더위를 먹다（トウィルル モクタ）
寒さ	**추위** チュウィ	寒がりだ：추위를 타다（チュウィルル タダ）　酷寒：강추위（カンチュウィ）

⑧病気・病院

医療系ドラマは韓国でも人気！ 覚えておけば、現地で急な病気のときも慌てずに役立ちそう。ちなみに救急車は日本と同じで無料です。

病気	**병** ピョン	感染病：감염병　病気にかかった：병에 걸렸어
病院	**병원** ピョンウォン	日本語の通じる病院を教えてください：일본어가 통하는 병원을 가르쳐주세요
命	**목숨** モクスム	家族を命がけで守りたい：가족을 목숨 걸고 지키고 싶어　命の値段：목숨 값
患者	**환자** ファンジャ	**病院**では「환자님」と呼ばれる。名前を付けて「김영실 환자님」のようにも。 **●映画『完璧な他人』より** 精神科医イェジンの娘が母親の説教に対して言う。「멀쩡한 사람 환자 취급 하지 말고!」（私を患者みたいに扱わないで！）
カルテ	**차트** チャトゥ	診療記録：진료기록　カルテを見せてください：차트를 보여주세요
応急処置	**응급처치** ウングプチョジ	心肺蘇生術（CPR）：심폐소생술　自動体外式除細動器（AED）：자동제세동기
救急車	**응급차** ウングプチャ	救急車・消防車（소방차：ソバンチャ）の電話番号は日本と同じ119。
薬	**약** ヤク	薬局：약국（ヤックク）　風邪薬：감기약（カムギヤク） 消化剤:소화제（ソファジェ） 消毒薬：소독약（ソドンニャク）　鎮痛剤：진통제（チントンジェ）
検査	**검사** コムサ	

手術	**수술** ススル	美容外科手術を受けたの：성형수술을 받았어　手術はいつですか？：언제 수술해요?　二重の手術：쌍꺼풀 수술
診療	**진료** チルリョ	診察：진찰　外来診療：외래진료　（治療費の）会計：진료비 수납　会計窓口で治療費を支払います：수납창구에서 진료비를 수납합니다
救急室	**응급실** ウングプシル	
注射	**주사** チューサ	注射を打ってもらう：주사를 맞다　注射を打つ：주사를 놓다　チクッとしますよ：따끔따끔해요（タックムタックメヨ）（原）따끔하다
リハビリ	**재활** チェーファル	（漢）再活 リハビリを始めました：재활을 시작했습니다
原因	**원인** ウォニン	原因がわかりません：원인을 모릅니다　最大の原因は喫煙：가장 큰 원인은 흡연　原因はいろいろです：원인은 다양합니다
アレルギー	**알레르기** アルレルギ	2021年に正式表記は「앨러지（エルロジ）」から「알레르기（アルレルギ）」に変更。会話ではどちらも通じる。 アレルギー反応：알레르기 반응　アレルギー性鼻炎：알레르기비염　アレルギー性ぜんそく：알레르기천식　花粉症：꽃가루 알레르기（화분증）
風邪	**감기** カムギ	風邪をひく：감기에 걸리다　鼻づまり：코막힘　のどの痛み：인후통
インフルエンザ	**독감** トッカム	인플루엔자とも言う。 高熱：고열　呼吸困難：호흡곤란　筋肉痛：근육통　肺炎：폐렴

食中毒	**식중독** シクチュンドク	食中毒にかかる：식중독에 걸리다（シクチュンドゲ コルリダ）
生理痛	**생리통** センニトン	生理痛がひどいです：생리통이 심해요
疲労	**몸살** モムサル	韓国の固有語。疲労やストレスにより体のふしぶしが痛くてだるく、寒気がすること。風邪の症状と似ている。医学的には「筋肉痛」を意味する。
症状	**증상** チュンサン	
くしゃみ	**재채기** チェチェギ	
せき	**기침** キチム	せきがひどいです：기침이 심해요（キチミ シメヨ） せきが止まりません：기침이 안 멈춰요
吐き気	**구역질** クヨクチル	吐き気がする：구역질이 나요（クヨクチリ ナヨ）吐きそうです：토할 것 같아요（トハル ゴッ カッタヨ） むかむかします：메슥거려요（メスッコリョ）
発熱	**발열** パリョル	熱が出ました：열이 났어요（ヨリ ナッソヨ）解熱剤を飲んでください：해열제를 드세요
鼻水	**콧물** コンムル	鼻水が止まりません：콧물이 멈추지 않아요（コンムリ モムチュジ アナヨ） 鼻が詰まっている：코가 막혔어（コガ マッキョッソ）
腹痛	**복통** ポクトン	おなかが痛いです：배가 아파요（ペガ アパヨ）

Point!

「감기」と「몸살」の違い
「감기」はウイルス等による疾患、「몸살」は無理をしたために体中が痛くなる症状のこと。

便秘	변비 ピョンビ	うんちが出ません：똥이 안 나와요
下痢	설사 ソルサ	下痢してるの：설사해 **●映画『エクストリーム・ジョブ』より** チキン店が繁盛しすぎてチキンに食傷気味のヨンホがひとり言で。「치킨 냄새만 맡아도 설사가 나오네. 치킨 개새끼」（チキンのにおいを嗅いだだけで下痢しそう。チキンのクソ野郎）
かゆい	가려워 カリョウォ	（原）가렵다 蚊に刺されたところがかゆいです：모기 물린 곳이 가려워요
痛み	통증 トンチュン	（漢）痛症 「증（チュン）」は濃音
痛いです	아파요 アパヨ	（原）아프다　体の調子が悪い：몸이 아프다 頭が痛いです：머리가 아파요　頭痛：두통
胃もたれ？	체했어？ チェヘッソ	（類）속이 거북하다 急な胃もたれ：급체（クㇷ゚チェ）　胃がひりひりする：속이 쓰려
おなか壊した	배탈이 났어 ペタリ ナッソ	（原）배탈이 나다 食べすぎておなかを壊した：너무 많이 먹어서 배탈이 났어
体がだるいです	몸이 나른해요 モミ ナルネヨ	（原）나른하다 春だからか体がだるいです：봄이라서 그런지 몸이 나른해요
倒れました	쓰러졌어요 スロジョッソヨ	（原）쓰러지다　病気や過労などで倒れる 母が突然倒れました：어머니가 갑자기 쓰러지셨어요（自分の母親の話でも敬語を使う）
むくんでいる	부었어 プオッソ	（原）붓다：むくむ、腫れる 顔がむくんでる：얼굴이 퉁퉁 부었어　目が腫れてるね：눈 좀 부었네
ずきずきします	쑤셔요 スショヨ	（原）쑤시다　刺すように痛い　ずきんずきんとうずく：욱신욱신　ずきずき：지끈지끈（チックンチックン）

ぞくぞくと寒いです	으슬으슬 추워요 ウスルウスル チュウォヨ	(原) 으슬으슬 춥다 (類) 寒気がする：오한이 나다 (オハニ ナダ)
ひりひりします	따가워요 タガウォヨ	(原) 따갑다　すりむいたところがひりつく、煙が目にしみる、ケガを消毒したときなど。
	쓰라려요 スラリョヨ	(原) 쓰라리다　胃が痛いとき、心が痛いとき **●映画『エクストリーム・ジョブ』より** 麻薬捜査班のマ刑事が仲間のヨンホに言う。「180도 기름에 데이고 칼에 베이고, 씨발 얼마나 쓰라린 줄 알어? 아파」(180度の油でやけどして包丁で指切って、クソッ、すっげえひりつくんだぞ？　痛いんだ)
虫歯になった	이가 썩었어 イガ ソゴッソ	(原) 이가 썩다 (直) 歯が腐った 会話では「이빨이 썩었어 (イッパリ ソゴッソ)」(이빨は動物の歯を指すが俗語では人間の歯についても使う) もよく使われる。
足をくじきました	발목을 삐었어요 パルモグル ピオッソヨ	(原) 삐다 (類) 접질리다 (チョプチルリダ)
ケガしたの?	다쳤어？ タチョッソ	(原) 다치다 あなたがケガしなくてよかったわ：네가 다치지 않아서 다행이야
骨折しています	뼈가 부러졌어요 ピョガ ブロジョッソヨ	(原) 뼈가 부러지다 (類) 골절되다 (コルチョルトゥェダ)
転びました	넘어졌어요 ノモジョッソヨ	(原) 넘어지다：転んだりして倒れる ひとりで転びました：혼자 넘어졌어
初診なのですが	초진인데요 チョジニンデヨ	再診：재진

入院しなくてはなりません	**입원해야 돼요** イボネヤ デヨ	お食事は入院当日から提供されます：식사는 입원 당일부터 제공됩니다
お大事に	**몸조리 잘하세요** モムジョリ チャラセヨ	몸조리：養生 友達には「몸조리 잘해」
早く元気になりますように	**빠른 쾌유를 빕니다** パルン クェユルル ビムニダ	(直) 早い快癒を祈ります　早く元気になって：얼른 나아요
ゆっくり休んでください	**푹 쉬세요** プク シュィセヨ	
退院しました	**퇴원했어요** テーウォネッソヨ	
病気が治りました	**병이 나았어요** ピョンイ ナアッソヨ	(原) 병이 낫다

新型コロナ関連

新型コロナ	**코로나19** コロナ イルグ	正式には「씨오브이아이디-일구(COVID-19)」(シーオーブイアイディー イルグ) だが、長いので韓国では政府がハングル表記を「코로나19」と定めた。
(新型コロナ)感染者	**확진자** ファクチンジャ	(直) 確診者：コロナ検診で罹患が認められた者を指す。(類) 감염자：感染者
ウイルス	**바이러스** パイロス	変異ウイルス：변이 바이러스 (ピョニ バイロス)
感染	**감염** カミョン	感染しました：감염됐어요 (カミョム ドゥェッソヨ)

新型コロナ関連

抗体	**항체** ハンチェ	**●映画『完璧な他人』より** 獣医のセギョンが母親から犬のことで相談を受けるシーン。「한번 접종했다고 평생 가는 거 아니니까 항체 검사 한 번씩 꼭 해주고」（一度接種したからって一生もつわけじゃないから、抗体検査はときどきしてね）
ソーシャル・ディスタンス	**사회적 거리두기** サフェジョク コリドゥギ	
マスク	**마스크** マスク	マスクをする：마스크를 쓰다（マスクルル スダ） KF指数が高いと、それだけ粒子の小さなほこりをキャッチできる。KF80（ケイエプ パルゴン）、KF94（ケイエプ クーサー）、KF99（ケイエプ クーグー）などがある。数字に決まった読み方はなく、94は「구십사（クーシプサー）」でもいいが、一般的には「구사（クーサー）」。
顎（あご）マスク	**턱스크** トクスク	顎にマスクを掛けること（新造語）。
消毒	**소독** ソドク	手洗いと同じくらいスマホの消毒も大事です：손 씻는 것만큼 스마트폰 소독도 중요해요

パンデミック	**팬데믹** ペンデミㇰ	世界保健機関：세계보건기구（セゲボゴン ギグ） 疾病管理本部：질병관리본부（チルビョン グァルリ ボンブ）
防疫	**방역** パンヨㇰ	K防疫（K방역）とは、コロナ19に対する韓国独自の防疫システムを指す。
副反応	**부작용** プジャギョン	（漢）副作用 日本では治療に使う薬に関しては「副作用」、ワクチンに関しては「副反応」と分けて使うが、韓国はどちらも「副作用」と呼ぶ。副作用共有コミュニティーが作られ、すでに1万5000人以上、加入者がいる。
流行	**유행** ユヘン	コロナ第4波の流行：코로나 4차 유행
ワクチン	**백신** ペㇰシン	ワクチン接種：백신접종（ペㇰシンチョㇷ゚チョン） ワクチンを受ける：백신을 맞다（ペㇰシヌㇽ マッタ）

診療科

美容整形外科	**성형외과** ソンヒョンウェックァ	歯科	**치과** チックァ
内科	**내과** ネックァ	外科	**외과** ウェックァ
皮膚科	**피부과** ピブックァ	眼科	**안과** アンックァ
小児科	**소아과** ソーアックァ	耳鼻咽喉科	**이비인후과** イビイヌックァ
産婦人科	**산부인과** サンブインックァ	泌尿器科	**비뇨기과** ピニョギックァ

Column ペット（펫 ペッ）

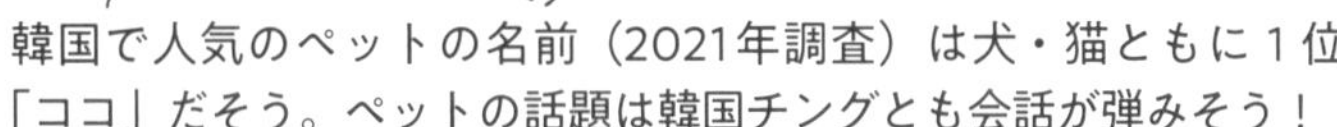

韓国で人気のペットの名前（2021年調査）は犬・猫ともに１位「ココ」だそう。ペットの話題は韓国チングとも会話が弾みそう！

犬	강아지 カンアジ	犬を飼っています：강아지를 키우고 있어요（カンアジルル キウゴ イッソヨ） （原）키우다=「飼う」のほか「育てる」という意味もある。 プードル：푸들　珍島犬：진돗개　マルチーズ：말티즈　豆柴：마메시바
猫	고양이 コヤンイ	子猫：새끼 고양이　野良猫：길고양이=正確には도둑고양이（泥棒猫） 捨て猫を飼う：냥줍（ニャンジュプ）
鳥	새 セ	セキセイインコ：사랑앵무새 オカメインコ：왕관앵무새（ワングァンエンムセ＝王冠オウム）

ハリネズミ	고슴도치 コスムドチ	ハムスター	햄스터 ヘムスト
リス	다람쥐 タラムチュィ	トカゲ	도마뱀 トマペム
亀	거북이 コブギ	熱帯魚	열대어 ヨルテオ
オス	수컷 スコッ	メス	암컷 アムコッ

あとがき

私が韓国語を初めて学んだのは、大学卒業後のことです。会社勤めをしながら週に一度、夜間のスクールに通いました。初学でも２時間でハングルを覚えられて、なんて簡単な言語だろうと思いました。もっとも、すらすらと字が読めるようになったのは、ソウルの延世大学語学堂に留学して半年後くらいですが。

語学堂当時の私は、文法を学びながらひたすら単語を覚えました。韓国語には漢字起源の単語もたくさんあります。慣れてくれば法則が見えてくるので、初見の単語でも意味がわかるようになるでしょう。皆様の韓国語学習が充実したものになるよう願っています。

最後に、文法を監修してくださった翻訳家の古賀聡さん（延世大学大学院博士課程修了）、単語やフレーズをチェックしてくださった鄭長勲さん、ウェブ漫画監修者のウ・ミジンさん、映画製作者のパク・ジョングさん、翻訳家のイ・ヨンジュさんら五人の方に感謝申し上げます。そして、学習者の立場からアドバイスをくださった高橋由美さん、写真を提供してくださった中西亜依さん、韓国語の単語を発音してくださった声優のチャン・ジヨンさん、イラストを描いてくださった別府麻衣さん、デザインをしてくださった山下可絵さん、二人三脚で頑張ってくださった編集者の小原美千代さん、その他この本にお力添えくださった多くの方々に心よりお礼を申し上げます。カムサハムニダ。

ヨンシル

ヨンシル（金光英実　かねみつ・ひでみ）

翻訳家。1971年、静岡県生まれ。清泉女子大学スペイン語学科卒業後、広告代理店勤務を経て韓国に渡る。ソウル在住。字幕作品にドラマ『愛の群像』『王と私』『大風水』『ニューハート』『太陽を抱く月』『雲が描いた月明り』『コッパダン～恋する仲人～』『王の顔』『医師ヨハン』『99億の女』、映画『僕の中のあいつ』『グッバイ・シングル』『エターナル』『完璧な他人』『モクソリ』『ホテルレイク』『ヨコクソン』。訳書にパク・クァンス『ヒトは誰も真実恐怖症』（講談社）、イム・ビョングク『小さな駅を訪ねる韓国ローカル鉄道の旅』（平凡社）、イ・ウヨン『ソウルの中心で真実を叫ぶ』、イ・ジュソン『殺人の品格』（ともに扶桑社）、チョ・チャンイン『グッドライフ』（小学館）、著書に『ためぐち韓国語』（四方田犬彦と共著）、『週末ソウル！』（吉田友和と共著、ともに平凡社）など。

いますぐ使える！
韓国語ネイティブ単語集

発行日　2021年10月31日　初版第1刷発行
　　　　2024年 7 月20日　　第2刷発行

著者　ヨンシル
発行者　秋尾弘史
発行所　株式会社 扶桑社
〒105-8070
東京都港区海岸1-2-20　汐留ビルディング
電話　03-5843-8842（編集）
　　　03-5843-8143（メールセンター）
www.fusosha.co.jp

印刷・製本　中央精版印刷株式会社

NOTE
＼覚えておきたい／
超基本の文法
韓国語の上達を目指すために知っておきたいハングルの成り立ちや発音の法則、簡単な文法を解説！
한국어를
잘하고 싶어요

韓国語の文字「ハングル」

韓国語で使われる文字「ハングル」にはアルファベットと同じように母音と子音があります。まずは基本母音10個と基本子音９個を覚えてから、合成母音やそのほかの子音を覚えるとよいでしょう。

ハングルの文字構成

子音と母音の組み合わせは、1）子音＋母音　2）子音＋母音＋子音　3）子音＋母音＋子音＋子音という３パターンがあります。母音の後ろの子音を「받침（パッチム）」と呼びます。

2）子音＋母音＋子音

④ ⑤ ⑥

子音 母音 子音

동 김 왕

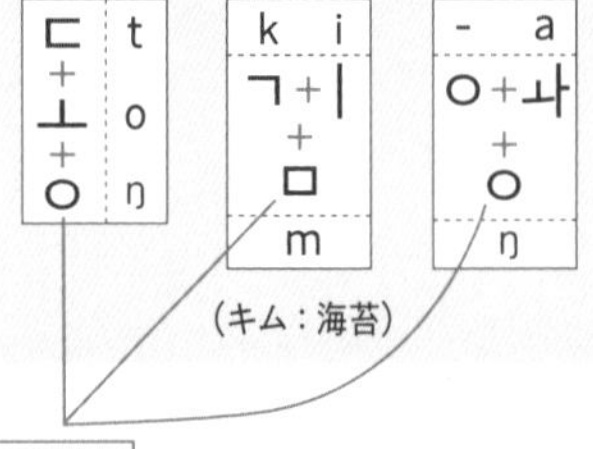

パッチム

※「ㅇ」は無音の子音。語の最後に付くと母音のない［ŋ］（「リンゴ」の「ン」の音）。

⑦

子音 母音 子音 子音

닭

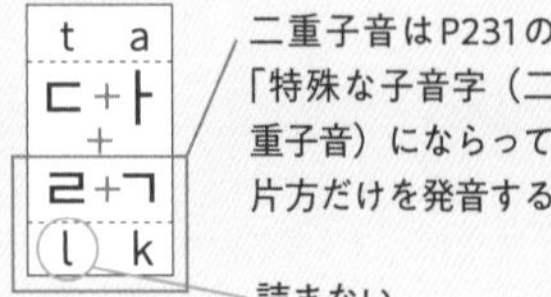

母音

基本母音が10個、合成母音が11個あります。

【基本母音】

口の形に注意しながら「アーヤーオーヨーオーヨーウーユーウーイー」と何度も唱えて覚えましょう。

ㅏ	[a]	ア	大きく口を開ける。
ㅑ	[ja]	ヤ	口を開ける。
ㅓ	[ʌ]	オ	口をぼんやり開けて軽く。
ㅕ	[jʌ]	ヨ	
ㅗ	[o]	オ	口をすぼめる。
ㅛ	[jo]	ヨ	
ㅜ	[u]	ウ	口を突き出す。
ㅠ	[ju]	ユ	
ㅡ	[ɯ]	ウ	口を少しへの字にする感じ。 「鈴木」の「す」に似ている。
ㅣ	[i]	イ	口を左右に引っ張る。

Point! 短い棒が２本 ㅑ[ja] ㅕ[jʌ] ㅛ[jo] ㅠ[ju] になると「j」の発音が伴い、「ヤ行」の発音になる。

【合成母音】

基本母音を組み合わせたもので、２つの母音を続けて発音するとこの音になります。

ㅐ	[ɛ]	エ	
ㅒ	[jɛ]	イェ	
ㅔ	[e]	エ	
ㅖ	[je]	イェ	母音だけのときは「イェ」、子音と一緒に発音するときは「エ」と発音する。 例：예약（イェーヤㇰ）予約 계산（ケーサン）計算
ㅚ	[we]	ウェ	厳密には異なる音だが、同じように発音しても通じる。
ㅙ	[wɛ]	ウェ	
ㅞ	[we]	ウェ	
ㅘ	[wa]	ワ	
ㅝ	[wɔ]	ウォ	
ㅟ	[wi]	ウィ	
ㅢ	[ɯi]	ウィ	의の発音 単語の最初では「ウィ」、語中では「イ」、助詞「～の」の意味で使うときは「エ」と発音する。 의사（ウィサ）医者　회의（フェーイ）会議 나의（ナエ）私の　의의（ウィイ）意義 子音＋의のときは「イ」の発音になる。 例）희다（ヒダ）白い

승강기내 대화금지（スンガンギネ テファクムジ）エレベーター内での対話禁止

벨 눌러주세요（ベル ノルロジュセヨ）ベルを押してください

복권 판매점（ポックォン パンメジョム）宝くじ販売店

子音

基本子音が９個、激音と濃音（P230参照）が各５個、特殊な子音字（二重子音）が11個あります。

【基本子音】

子音だけでは読めないので、母音の「ア」を付けて覚えます。「カナダラマバサアジャ」と唱えましょう。この順序を覚えないと、カラオケに行って曲リストを見るときに困ります。最近はユーチューブでもさまざまな「カナダラソング」が観られるので、それらを参考にしてもいいでしょう。

ㄱ	[k/g]
ㄴ	[n]
ㄷ	[t/d]
ㄹ	[r/l]
ㅁ	[m]
ㅂ	[p/b]
ㅅ	[s]
ㅇ	[-/ŋ]
ㅈ	[tɕ/dʑ]

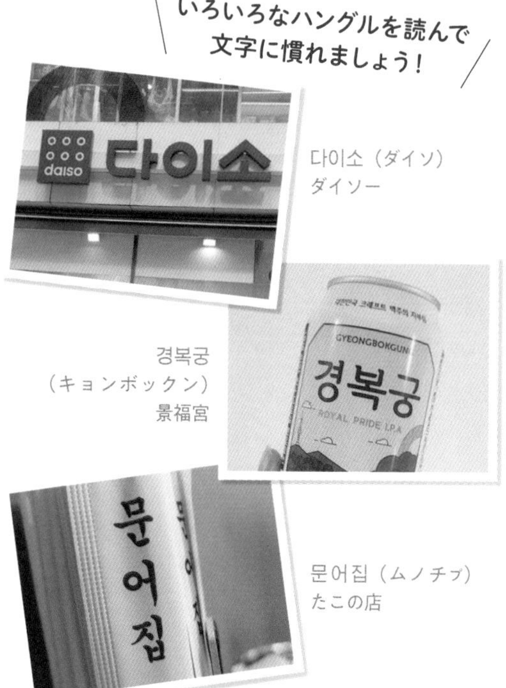

いろいろなハングルを読んで
文字に慣れましょう！

다이소（ダイソ）
ダイソー

경복궁
（キョンボックン）
景福宮

문어집（ムノチプ）
たこの店

【激音・濃音】

●激音

以下の5つは「激音」といい、「h (ハ)」の音を同時に発します。のどの奥から勢いよく息を吐き出して発音します。

ㅋ	[k^h]
ㅌ	[t^h]
ㅍ	[p^h]
ㅊ	[$tɕ^h$]
ㅎ	[h]

우편（ウピョン）
郵便

홀수층
（ホルスチュン）
奇数階

이태원
（イテウォン）
梨泰院

※語中の「ㅎ」は、母音の前で発音されません。

例）**좋아요**［조아요］（チョアヨ）いいね

은행［으냉］（ウネン）銀行

※「ㅎ」の前にㄴㅁㄹが来ると、ㅎの発音は弱くなります。

전화［저놔］（チョヌァ）電話

●濃音

濃音は子音「ㄱㄷㅂㅅㅈ」を２つ並べたもので、のどから音を絞り出し、息をのみ込むように発音します。

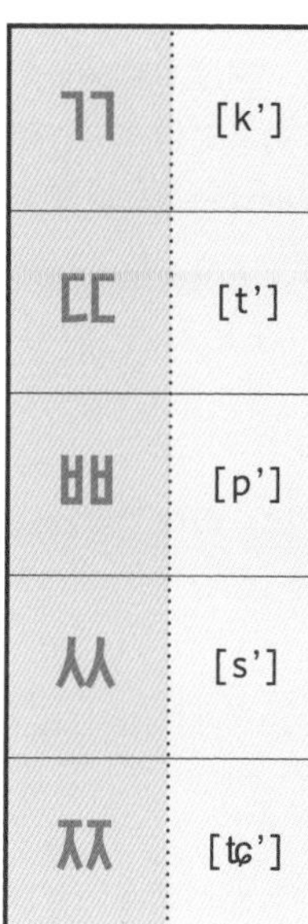

ㄲ	[k’]
ㄸ	[t’]
ㅃ	[p’]
ㅆ	[s’]
ㅉ	[tɕ’]

짝수층
（チャクスチュン）
偶数階

딱！좋은 데이
（タㇰ！チョウンデイ）
パチッ！いい日

짜파링（チャパリン）
スナック菓子の商品名

●特殊な子音字（二重子音）

パッチムの位置にこれがくると、母音の前では両方、子音の前では片方だけ（[　] の発音）読みます。

ㄳ ㄺ	[k]
ㄵ ㄶ	[n]
ㄼ ㄽ ㄾ ㅀ	[l]
ㄻ	[m]
ㅄ ㄼ ㄿ	[p]

発音の法則

やっとハングルを覚えて読めるようになっても、文字のとおりに発音したら通じなかった、ということがあります。韓国語の発音にはさまざまな規則があるからです。複雑に見えますが、算数のように「○と△を足せば□になる」というシンプルな法則も多く、何度も発音しているうちに慣れるはず。例えば、パッチムの「ㅎ」のあとに「ㄱ」が続くと「ㅋ」になる、といった具合です。発音の規則は一度には覚えきれないので、単語を覚えながら確認するといいでしょう。以下に主な規則をまとめました。

【有声音化】（←この名前は覚えなくても大丈夫）

●「ㄱ」「ㄷ」「ㅂ」「ㅈ」は、母音や子音「ㅁㄴㅇㄹ」の後では濁音になることが多い。

例）고기（コギ）肉
　　부부（プブ）夫婦
　　갈비（カㇽビ）カルビ

●意味を確実に伝えるため、濃音化されて語中で濁らないものもある。가（カ）価、과（クァ）科、권（クォン）券、증（チュン）証、방학（パンハㇰ）長期休み、장（チャン）状などの意味を持つ単語です。

例）물가（ムㇽッカ）物価
　　내과（ネックァ）内科
　　입장권（イㇷ゚チャンクォン）入場券
　　우울증（ウウㇽッチュン）うつ病
　　여름방학（ヨルㇺパンハㇰ）夏休み
　　초대장（チョデッチャン）招待状

【激音化】

・ㅎ＋ㄱㄷㅂㅈ
・ㄱㄷㅂㅈ＋ㅎ

→激音 ㅋㅌㅍㅊ に変わる。

例）어떻게［어떠케］（オットケ）どう
좋다［조타］（チョタ）よい
입학［이팍］（イパㇰ）入学

【連音】

「ㅇ」は無音の子音字なので、パッチムのあとに「ㅇ」がある場合は無視して、前にあるパッチムをそのまま発音します。

例）옆에［여페］（ヨペ）隣に
한국어［한구거］（ハングゴ）韓国語
읽으세요［일그세요］（イㇽグセヨ）読んでください
신오오쿠보［시노오쿠보］（シノオクボ）新大久保

【濃音化】

●パッチムの音 ㄱㄷㅂ＋ㄱㄷㅂㅅㅈ
→濁らずに ㄲㄸㅃㅆㅉ の発音になります。（「ㄱ＋ㄱ」のように子音が２つ重なるため）

例）학교［학꾜］（ハッキョ）学校
떡볶이［떡뽀끼］（トッポッキ）トッポッキ

●パッチム ㄹ＋ㄱㄷㅂㅅㅈ
→ ㄲㄸㅃㅆㅉ の発音になるものもあります。

例）발달［발딸］（パㇽタㇽ）発達
출장［출짱］（チュㇽチャン）出張

【鼻音化】

●パッチムの音 ㄱ ㄷ ㅂ＋ㄴ ㅁ
→ ㅇ ㄴ ㅁ の発音になります。
例）한국말［한궁말］（ハングンマㇽ）韓国語
　　막내［망내］（マンネ）末っ子
　　습니다［슴니다］（スㇺニダ）～です

> パッチム ㄱ ㄷ ㅂ と同じ発音をする
> パッチムは以下のとおり。
> ㄱ：ㄱ, ㅋ, ㄳ, ㄺ
> ㄷ：ㄷ, ㅌ, ㅅ, ㅆ, ㅈ, ㅊ, ㅎ
> ㅂ：ㅂ, ㅍ, ㄼ, ㄿ, ㅄ

●パッチムの音 ㅁ ㅇ＋ㄹ→ ㄴ の発音になります。
例）음료수［음뇨수］（ウㇺニョス）飲み物
　　심리［심니］（シㇺニ）心理
　　종류［종뉴］（チョンニュ）種類

●パッチムの音 ㄱ ㅂ ＋ ㄹ → ㄴ の発音になります。
このとき、前にある「ㄱ」「ㅂ」は「ㅇ」「ㅁ」と発音します。
例）대학로［대항노］（テハンノ）大学路
　　컵라면［컴나면］（コㇺナミョン）カップラーメン

【流音化】

●パッチムの音 ㄹ ＋ ㄴ
　パッチム ㄴ ＋ ㄹ
→ほとんどの場合、「ㄴ」が「ㄹ」の発音になります。そのため「ㄹ＋ㄹ」と発音することに。

例）설날［설랄］（ソㇽラㇽ）元旦
실내［실래］（シㇽレ）室内
신라［실라］（シㇽラ）新羅
연락［열락］（ヨㇽラㇰ）連絡
생일날［생일랄］（センイㇽラㇽ）誕生日

【ㄴ挿入】
●パッチムの音 ㄴ ㅁ ㅇ ＋ 야 여 요 유 이
→「ㄴ」が追加され 냐 녀 뇨 뉴 니 の発音になります。
ただし、単語と単語が組み合わさった合成語や文中で続けて発音する場合です。

例）일본요리［일본뇨리］（イㇽボンニョリ）日本料理
서울역［서울력］（ソウㇽリョㇰ）ソウル駅
※ㄴ挿入のあと、さらに流音化が起きてㄹに変化します。
무슨 일［무슨 닐］（ムスンニㇽ）どんなこと
못 잊어［몬니저］（モンニジョ）忘れられない

【口蓋音化】
●パッチム ㄷ ㅌ ＋ 이 → 지 치 の発音になります。
パッチム ㄷ＋히 → 치 の発音になります。
例）해돋이［해도지］（ヘドジ）日の出
같이［가치］（カチ）一緒に
닫히다［다치다］（タチダ）閉まる

韓国語の単語

韓国語の単語は、漢字語、固有語、外来語、混合語に分類できます。「漢字語」は中国、韓国、日本で作られた漢字の言葉、「固有語」は韓国古来の言葉、「外来語」は漢字語を除く他国の言葉、「混合語」は以上３つを組み合わせた言葉です。

漢字語	형제（兄弟）세계（世界）남녀（男女）도로（道路）신문（新聞）
固有語	나이（年）술（酒）머리（頭）손님（客）집（家）
外来語	비타민（ビタミン）아이템（アイテム）라이벌（ライバル）
混合語	생크림（生クリーム）쓰레기통（ごみ箱）그림책（絵本）

名詞

名詞＋「～です」を表す場合、「～イムニダ」「～イエヨ」「～イヤ」の３つのパターンがあります。

●「イムニダ体」

丁寧に言うとき：

名詞＋「입니다」

例）ソウルです：서울입니다

電話です：전화입니다

●「イエヨ体」

丁寧かつ親しみを込めるとき：

（パッチムで終わる）**名詞＋「이에요」**

（母音で終わる）**名詞＋「예요」**

例）ソウルです：서울이에요

電話です：전화예요

●「イヤ体」

友人と話すときのフランクな口調：

（パッチムで終わる）**名詞＋「이야」**

（母音で終わる）**名詞＋「야」**

例）ソウルだよ：서울이야

電話だよ：전화야

助詞

助詞の中には、前の単語にパッチムがあるかないかで表し方が変わるものもあります。

●パッチムあり／パッチムなしで変わるもの

	パッチムあり	パッチムなし
～が	～이	～가
～を	～을	～를
～で（手段）	～으로※	～로
～と	～과	～와
～と（口語体）	～이랑	～랑
～は	～은	～는

※例外としてㄹパッチムの後ろでは으로ではなくて로がつく（例／전철로～：電車で）

●パッチムに関係ないもの

～で（場所）		～에，～에서
～の		～의
～に	（人に対して使われる）	～에게
	（口語体）	～한테
～と（口語体）		～하고
～も		～도
～から（時間）		～부터
～まで（時間・場所）		～까지

カナダラ表

ハングルは音だけを表す「表音文字」。子音と母音を組み合わせる方式はローマ字と似ています。

子音＼母音		基本子音								
		ㄱ	ㄴ	ㄷ	ㄹ	ㅁ	ㅂ	ㅅ	ㅇ	ㅈ
ㅏ	ア	가	나	다	라	마	바	사	아	자
		カ ガ	ナ	タ ダ	ラ	マ	パ バ	サ	ア	チャ ジャ
ㅑ	ヤ	갸	냐	댜	랴	먀	뱌	샤	야	쟈
		キャ ギャ	ニャ	ティヤ ディヤ	リャ	ミャ	ピャ ビャ	シャ	ヤ	チャ ジャ
ㅓ	オ	거	너	더	러	머	버	서	어	저
		コ ゴ	ノ	ト ド	ロ	モ	ポ ボ	ソ	オ	チョ ジョ
ㅕ	ヨ	겨	녀	뎌	려	며	벼	셔	여	져
		キョ ギョ	ニョ	ティヨ ディヨ	リョ	ミョ	ピョ ビョ	ショ	ヨ	チョ ジョ
ㅗ	オ	고	노	도	로	모	보	소	오	조
		コ ゴ	ノ	ト ド	ロ	モ	ポ ボ	ソ	オ	チョ ジョ
ㅛ	ヨ	교	뇨	됴	료	묘	뵤	쇼	요	죠
		キョ ギョ	ニョ	ティヨ ディヨ	リョ	ミョ	ピョ ビョ	ショ	ヨ	チョ ジョ
ㅜ	ウ	구	누	두	루	무	부	수	우	주
		ク グ	ヌ	トゥ ドゥ	ル	ム	プ ブ	ス	ウ	チュ ジュ
ㅠ	ユ	규	뉴	듀	류	뮤	뷰	슈	유	쥬
		キュ ギュ	ニュ	ティユ ディユ	リュ	ミュ	ピュ ビュ	シュ	ユ	チュ ジュ
ㅡ	ウ	그	느	드	르	므	브	스	으	즈
		ク グ	ヌ	トゥ ドゥ	ル	ム	プ ブ	ス	ウ	チュ ジュ
ㅣ	イ	기	니	디	리	미	비	시	이	지
		キ ギ	ニ	ティ ディ	リ	ミ	ピ ビ	シ	イ	チ ジ

※本体カバー裏にあるカナダラ表もご活用ください！

激音					濃音				
ㅊ	ㅋ	ㅌ	ㅍ	ㅎ	ㄲ	ㄸ	ㅃ	ㅆ	ㅉ
차	카	타	파	하	까	따	빠	싸	짜
チャ	カ	タ	パ	ハ	カ	タ	パ	サ	チャ
챠	캬	탸	퍄	햐	꺄	땨	뺘	쌰	쨔
チャ	キャ	ティャ	ピャ	ヒャ	キャ	ティャ	ピャ	シャ	チャ
처	커	터	퍼	허	꺼	떠	뻐	써	쩌
チョ	コ	ト	ポ	ホ	コ	ト	ポ	ソ	チョ
쳐	켜	텨	펴	혀	껴	뗘	뼈	쎠	쪄
チョ	キョ	ティョ	ピョ	ヒョ	キョ	ティョ	ピョ	ショ	チョ
초	코	토	포	호	꼬	또	뽀	쏘	쪼
チョ	コ	ト	ポ	ホ	コ	ト	ポ	ソ	チョ
쵸	쿄	툐	표	효	꾜	뚀	뾰	쑈	쬬
チョ	キョ	ティョ	ピョ	ヒョ	キョ	ティョ	ピョ	ショ	チョ
추	쿠	투	푸	후	꾸	뚜	뿌	쑤	쭈
チュ	ク	トゥ	プ	フ	ク	トゥ	プ	ス	チュ
츄	큐	튜	퓨	휴	뀨	뜌	쀼	쓔	쮸
チュ	キュ	ティュ	ピュ	ヒュ	キュ	ティュ	ピュ	シュ	チュ
츠	크	트	프	흐	끄	뜨	쁘	쓰	쯔
チュ	ク	トゥ	プ	フ	ク	トゥ	プ	ス	チュ
치	키	티	피	히	끼	띠	삐	씨	찌
チ	キ	ティ	ピ	ヒ	キ	ティ	ピ	シ	チ

動詞・形容詞

韓国語の動詞と形容詞の原形は「○○다」のように「다」で終わります（辞書形）。「다」の部分を変化させて活用形を作ることができます。

●現在形

現在形の語尾の基本パターンは「ハムニダ体」「ヘヨ体」「ヘ体」の３つ。

「ハムニダ体」～ㅂ니다（パッチムがない場合）
～습니다（パッチムがある場合）
：論文や会議などでも使われる最も改まった形

「ヘヨ体」～해요：フランクではないけれど、
それほどかしこまりたくない形

「ヘ体」～해：友人同士で使われるフランクな口調
「ヘヨ体」を作ってから最後の「요」を取った形
먹어요 → 먹어　가요 → 가

単語を当てはめれば使えるパターン（ヘヨ体）

～はありますか？	～있나요?	「있어요?」よりも打ち解けた表現 塩はありますか？：소금 있나요?
～ください	～좀 주세요	スプーンをください：숟가락 좀 주세요
～がありません	～이/가 없어요	シャンプーがありません：샴푸가 없어요
～しかありません	～밖에 없어요	クレジットカードしかありません：신용카드밖에 없어요
～してもいいですか？	～아/어도 돼요?	ここに座ってもいいですか？：여기에 앉아도 돼요?